山海经

高山 编著

（第二册）

光明日报出版社

卷七　海外西经

卷七

海外西经

【题解】

《海外西经》记载了海外从西南到西北的文明、物产和神话传说。神话资源比较丰富。《海外西经》记载了刑天的传说，这是该神话的第一次出现。“刑天与天帝争神，帝断其首，葬之常羊之山。乃刑天以乳为目，以脐为口，操干戚以舞。”大诗人陶渊明在《读〈山海经〉》一诗里称赞刑天的精神：“刑天舞干戚，猛志固常在。”刑天常被后人称颂为不屈的英雄。

女丑在《大荒东经》中也有记载，在《海外西经》中出现她的尸体以及她被十日灼杀的记载，这也可以说是有系统的神话。古代天旱求雨时，有“暴巫”的做法。“暴巫”并非真的晒死女巫，而是把女巫饰成制造干旱的鬼魅，让它在太阳下暴晒，以平息干旱。巫咸也是古代神话和历史典籍中经常出现的名字，这些都可以与《史记》、《楚辞》相印证。

海外自西南陬至西北陬者。

【译文】

海外从西南角到西北角的国家、山川、物产分布如下。

灭蒙鸟在结匈国北，为鸟青，赤尾。

【译文】

灭蒙鸟在结胸国的北面，这种鸟长着青色的羽毛、红色的尾巴。

大运山高三百仞，在灭蒙鸟北。

夏后启

【译文】

大运山高约三百仞，屹立在灭蒙鸟的北面。

大乐之野，夏后启于此儛《九代》①，乘两龙，云盖三层。左手操翳②，右手操环，佩玉璜③。在大运山北。一曰大遗之野。

【注释】

①夏后启于此儛（wǔ）：夏后启就是夏朝的开国君主夏启，大禹的儿子。侮，通“舞”。

②翳（yì）：用羽毛装饰的伞盖，是一种仪仗。

③璜（huáng）：一种半圆形的玉器，是一种礼器。

【译文】

大乐野，夏后启曾在这里跳《九代》舞，乘着两条龙飞行，云雾缭绕三层。他左手握着一把用羽毛做的华盖，右手拿着一只玉环，腰间佩挂着一块玉璜。大乐野就在大运山的北面。还有一种说法认为夏后启跳《九代》舞是在大遗野。

三身国在夏后启北，一首而三身。

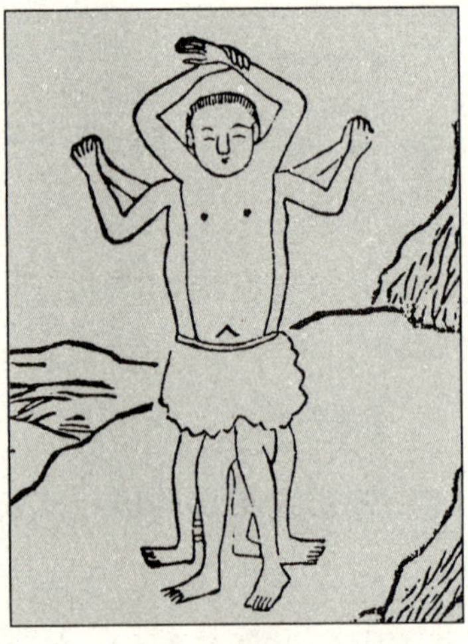

三身国

【译文】

三身国在夏后启所在地方的北面，这个国家的人都长着一个脑袋三个身子。

一臂国在其北，一臂、一目、一鼻孔。有黄马虎文，一目而一手。

一臂国

【译文】

一臂国在三身国的北面，这个国家的人都是一条胳膊、一只眼睛、一个鼻孔。这个国家出产一种黄色的马，身上有类似于老虎一样的斑纹，长着一只眼睛和一只前脚。

奇肱国

奇肱之国[①]在其北，其人一臂三目，有阴有阳[②]，乘文马[③]。有鸟焉，两头，赤黄色，在其旁。

【注释】

①奇肱（jī gōng）之国：郭璞注：“肱或作弘；奇音羁。”又注：“其人善为机巧，以取百禽；能作飞车，从风远行。汤时得之于豫州界中，即坏之，不以示人。后十年西风至，复作遣之。”

②有阴有阳：郭璞注：“阴在上，阳在下。”今按：盖指一目长在两目之上为“阴”，一目长在两目之下为“阳”。

③文马：就是下文所谓的吉良马，白身子红鬃毛，眼睛金色。

【译文】

奇肱国在一臂国北边。国中的人只有一条胳膊和三只眼睛，眼睛分阴阳，阴眼在上，阳眼在下，都骑着有花纹的吉良马。那里有种鸟，这鸟有两个脑袋，身体是红黄色，栖息在人身边。

刑天

刑天与帝争神[①]，帝断其首，葬之常羊之山。乃以乳为目，以脐为口，操干戚以舞[②]。

【注释】

①刑天：神话中没有脑袋的神。

②干：盾。戚：斧。

【译文】

刑天与天帝为了争夺神位，进行了一场战斗，结果天帝砍断了刑天的头，把他的头埋在常羊山上。刑天虽然没有头，仍不罢休，以两只乳头做眼睛，以肚脐做嘴巴，一手持盾牌一手操大斧继续作战。

女祭、女薎在其北[①]，居两水间。薎操鱼䱇[②]，祭操俎[③]。

鶬鵹鸟

【注释】

①薎（miè）：古字同“蔑”。

②䱇（dàn）：古代一种圆形的小酒器。

③俎（zǔ）：古代祭祀时放祭品的礼器。

【译文】

在刑天与天帝发生战争的北边，有两条小河，两河之间，居住着两位女神，女祭和女薎，女薎手里拿着一个小酒杯，女祭手里捧着一块大肉墩。

鵹鸟、鶬鸟[①]，其色青黄，所经国亡。在女祭北。鵹鸟人面，居山上。一曰维鸟，青鸟、黄鸟所集。

【注释】

①鵹（cì）鸟：鸟名。鶬（zhān）鸟：鸟名。

【译文】

鵹鸟、鶬鸟，这两种鸟的羽毛是青中带黄，这两种鸟是不祥之鸟，凡是它们经过的国家都会有亡国之灾。鵹鸟和鶬鸟栖息在女祭的北面。鵹鸟长着人的面孔，生活在山上。还有一种说法认为这两种鸟统称维鸟，青色的、黄色的维鸟都聚集在一起。

丈夫国

丈夫国在维鸟北，其为人衣冠带剑。

【译文】

丈夫国在维鸟的北面，这个国家的人都是穿衣戴帽，佩带宝剑，一身英雄气概，丰常讲究。

女丑之尸，生而十日炙杀之①。在丈夫北。以右手鄣其面②。十日居上，女丑居山之上。

【注释】

①炙（zhì）：炙烤。

②鄣（zhāng）：同“障”，遮挡，遮掩。

【译文】

有一具女丑的尸体，她是被十个太阳的热气烤死的。她横卧在丈夫国的北面。死时她用右手遮住自己的脸。十个太阳高高挂在天上，女丑的尸体横卧在山顶上。

女丑尸

巫咸国在女丑北①，右手操青蛇，左手操赤蛇。在登葆山，群巫所从上下也。

【注释】

①巫咸国：由一群巫师所组织的国家。

【译文】

巫咸国在女丑的北面，那里的人都是右手握着一条青蛇，左手握着一条红蛇。有座登葆山，是一群巫师上下于天上与人间的地方。

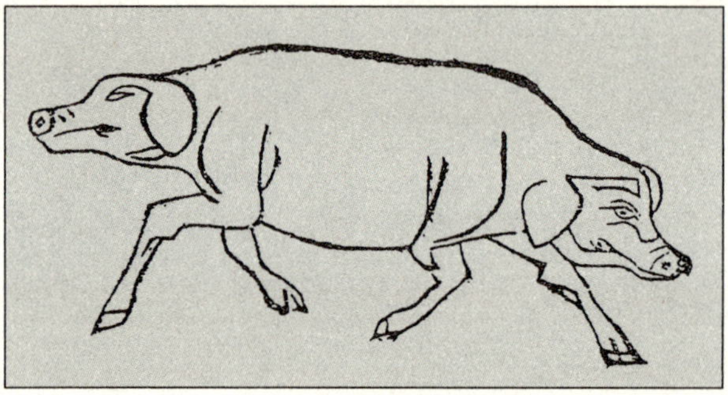

并封

并封在巫咸东，其状如彘[①]，前后皆有首，黑。

【注释】

①彘（zhì）：猪。

【译文】

有一种叫并封的怪兽，它在巫咸国的东面，形貌和猪相似，前后都有头，全身是黑色的。

女子国在巫咸北，两女子居，水周之[①]。一曰居一门中。

女子国

【注释】

①周：环绕。

【译文】

女子国在巫咸国的北面，有两个女子住在那里，四周有水环绕。也有一种说法认为她们住在一道门的中间。

轩辕之国在此穷山之际，其不寿者八百岁。在女子国北，人面蛇身，尾交首上。

【译文】

轩辕国在穷山的旁边，那里的人就是不长寿的也能活八百岁。轩辕国在女子国的北面，那里的人长着人的面孔、蛇的身子，尾巴盘绕在头上。

穷山在其北，不敢西射，畏轩辕之丘。在轩辕国北，其丘方，四蛇相绕。

轩辕国

【译文】

穷山在轩辕国的北面，那里的人不敢向西方射箭，因为他们敬畏黄帝威灵所在的轩辕丘。轩辕丘在轩辕国的北部，呈方形，被四条大蛇围绕着。

诸沃之野，沃民是处，鸾鸟自歌，凤鸟自舞。凤皇卵，民食之；甘露，民饮之，所欲自从也[①]。百兽相与群居。在四蛇北。其人两手操卵食之，两鸟居前导之。

【注释】

①所欲自从：心想事成。

【译文】

有个叫沃野的地方，鸾鸟自由自在地歌唱，凤鸟自由自在地跳舞；凤凰生下的蛋，沃民食用；上天降下的甘露，沃民饮用：凡是他们所想要的都能如愿。那里的各种野兽群居在一起。沃野在四条蛇的北面，那里的人用双手拿着凤凰蛋正在吃，有两只鸟在前面引导着他们。

龙鱼陵居在其北，状如鲤。一曰鰕[①]。即有神圣乘此以行九野[②]。一曰鳖鱼在沃野北，其为鱼也如鲤。

龙鱼

【注释】

①鰕（xiā）：就是体形大的鲵（ní）鱼，叫声如同小孩啼哭，俗称娃娃鱼。

②九野：九州的土地。

【译文】

龙鱼生活在沃野的北面，样子和鲤鱼相似。也有一种说法认为龙鱼和鰕鱼相似。于是有位神圣的人骑着它在广大的原野上遨游。还有一种说法认为鳖鱼在沃野的北面，这种鱼的样子也和鲤鱼相似。

乘黄

白民之国在龙鱼北，白身被发[①]。有乘黄，其状如狐，其背上有角，乘之寿二千岁。

【注释】

①被（pī）发：披发。

【译文】

白民国在龙鱼所在之地的北面，那里的人皮肤白皙，披散着头发。有一种叫乘黄的野兽，形貌和狐狸相似，脊背上长有角，人如果骑上它能活两千岁。

肃慎之国在白民北。有树名曰雒棠[①]，先人伐帝，于此取衣。

【注释】

①雒棠：神话中的树名，树皮可以制成衣服。

【译文】

白民国的北边便是肃慎国。肃慎国有种树名叫雒棠。中国每当有圣人出世、替代暴君时，都要到这里来，用雒棠树的树皮制成衣。

长股国

长股之国在雒棠北，被发。一曰长脚。

【译文】

肃慎国的北边便是长股国，长股国的人都披散着头发。也有说长股国人的脚很长。

西方蓐收①，左耳有蛇，乘两龙。

【注释】

①蓐收：传说中主西方之神。

【译文】

西方的蓐收神，左耳朵上有一条蛇，他乘两条龙飞行。

卷八　海外北经

卷八

海外北经

【题解】

《海外北经》记载了中土本土以北的文明，记叙的顺序是由西至东。关于烛阴的神话。在《大荒北经》中被称为烛龙，位置在西北海外，能够与《海外北经》的记载相印证。烛阴的神话，很多书上都有记述。有的说这个神是原始的开辟神。关于共工之臣相柳氏被大禹所杀的神话应该是大禹治水神话的一个片段，这个神话呈现了人和超自然的力量进行斗争的场面。

夸父逐日的神话是《海外北经》最重要的神话，夸父在全书里有两种面目，一种是野兽名，一种是人名，需要综合起来考虑。这个逐日的夸父可能是以夸父兽为图腾的一个氏族的领袖。务隅山是颛顼帝的葬所，其地靠近北海，也就是渤海沿岸，这与下文颛顼帝是由东夷抚养长大的记载可相印证，说明五帝可能是出于不同的部族。而关于欧丝之野的记载则再次表明我国丝织业的悠久历史。

海外自西北陬至东北陬者。

【译文】

海外从西北角到东北角的地理情况如下。

无启之国在长股东[①]，为人无启。

【注释】

①无启：没有后代。传说无启国的人心脏不会腐朽，他们死后一百二十年又可以重新化成人，所以不需要生育。

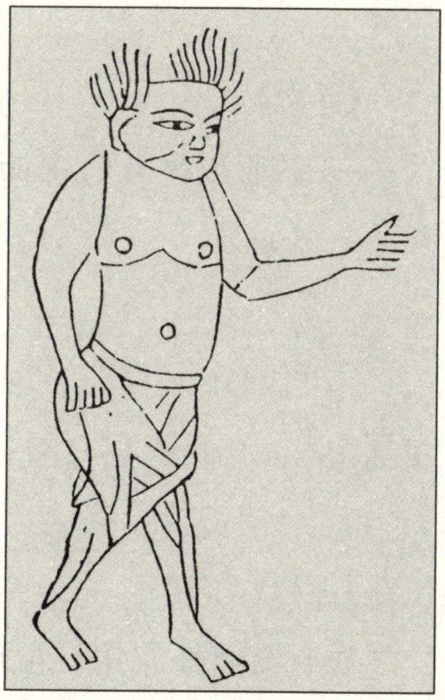

无启国

【译文】

无启国在长股国的东面，那里的人不生育子孙后代。

烛阴

钟山之神，名曰烛阴，视为昼，瞑为夜[①]，吹为冬，呼为夏，不饮，不食，不息，息为风，身长千里。在无启之东。其为物，人面，蛇身，赤色，居钟山下。

【注释】

①瞑：瞑目，闭眼。

【译文】

钟山的山神，名叫烛阴，他睁开眼睛就是白天，闭上眼睛就是黑夜，一吹气就是寒冬，一呼气就是炎夏，不喝水，不吃食物，不呼吸，一呼吸就化成风，身子有一千里长。他在无启国的东面。他的形貌是长着人一样的面孔、蛇一样的身子，全身是红色的，住在钟山脚下。

一目国在其东，一目中其面而居。

一目国

【译文】

一目国在钟山的东面，那里的人在脸的中间长着一只眼睛。

柔利国在一目东，为人一手一足，反厀[①]，曲足居上[②]。一云留利之国，人足反折。

【注释】

①反厀：膝盖骨长在后面。厀，古“膝”字。

②曲足居上：足弓长在脚背上，脚尖上翘。

【译文】

柔利国在一目国的东面，那里的人只有一只手和一只脚，膝盖反长着，脚弯曲向上。也有一种说法认为柔利国叫作留利国，那里的人的脚是反折过来的。

共工之臣曰相柳氏[①]，九首，以食于九山。相柳之所抵，厥为泽溪[②]。禹杀相柳，其血腥，不可以树五谷种。禹厥之，三仞三沮[③]，乃以为众帝之台。在昆仑之北，柔利之东。相柳者，九首人面，蛇身而青。不敢北射，畏共工之台。台在其东。台四方，隅有一蛇[④]，虎色，首冲南方[⑤]。

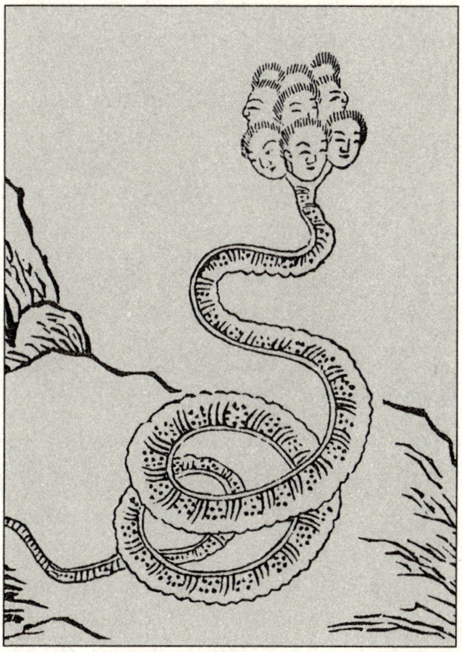

相柳

【注释】

①相柳氏：相繇氏，见下文。

②厥：通“掘”，挖掘。这里是指相柳氏身躯庞大，所过之处地表都被破坏。

③三仞（rèn）三沮（jǔ）：三是约数，表示次数众多，副词。仞，通“轫”，用东西填充。沮，败坏。这里指地面塌陷。

④隅：角落。

⑤冲：向着。

【译文】

天神共工的臣子叫相柳氏，有九个头，分别吃九座山上的食物。相柳氏所接触的地方，就挖成沼泽和溪流。大禹杀死了相柳氏，相柳氏的血流出来遍地腥臭，不能种植五谷。大禹挖掘这块地方，多次填满而又多次塌陷下去，于是大禹就用挖出来的泥土修造了众帝台。这座众帝台在昆仑山的北面，柔利国的东面。相柳氏长着九个头和人的面孔，身子像蛇一样，是青色的。人们不敢向北方射箭，因为敬畏共工威灵所在的共工台。共工台在相柳的东面，台呈四方形，每个角上有一条蛇，蛇的颜色和老虎相似，头朝向南方。

深目国

深目国在其东，为人深目，举一手。一曰在共工台东。

【译文】

深目国在它的东面，这个国家的人总是举起一只手，像是与人打招呼。还有一种说法认为深目国在共工台的东面。

无肠之国在深目东，其为人长而无肠。

【译文】

无肠国在深目国的东面，这个国家的人身材高大但奇怪的是肚子里没有肠子。

聂耳之国[①]在无肠国东，使两文虎，为人两手聂其耳。县[②]居海水中，及水所出入奇物[③]。两虎在其东[④]。

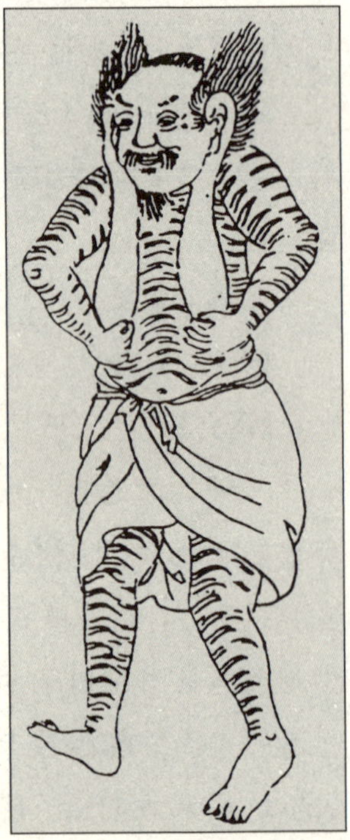

聂耳国

【注释】

①聂耳之国：《大荒北经》："有儋耳之国，任姓，禺号子，食谷。"聂通"摄"。

②县：通"悬"，意为飘浮。

③及水所出入奇物：意思是海水里经常出现一些奇怪的生物。

④两虎在其东：两文虎在聂耳国之东。

【译文】

聂耳国在无肠国东边，国中的人都能够驱使两只有花纹的虎，都用手托着自己的两只大耳朵。聂耳国孤悬在海外的岛屿上，那里的人能看到所有海里出产的怪物。有两只老虎在聂耳国东面。

夸父与日逐走[①]，入日。渴欲得饮，饮于河渭，河渭不足，北饮大泽。未至，道渴而死。弃其杖，化为邓林[②]。

夸父逐日

【注释】

①逐：竞争。

②邓林：《中山经》所言桃林。在今河南灵宝西南。

【译文】

神人夸父追赶太阳，一直追到接近太阳的地方。这时夸父很渴，想要喝水，于是就喝黄河和渭河中的水，喝完了两条河水还是不解渴，又要向北去喝大泽中的水，还没走到，在半路上就渴死了。他死时所抛掉的手杖，后来变成了一片桃林。

夸父国在聂耳东，其为人大，右手操青蛇，左手操黄蛇。邓林在其东，二树木。一曰博父。

夸父国

【译文】

夸父国在聂耳国的东面，那里的人身材高大，右手握着青色蛇，左手握着黄色蛇。邓林在夸父国的东面，其实只有两棵非常大的树。也有一种说法认为夸父国叫博父国。

禹所积石之山在其东，河水所入。

【译文】

禹所积石山在夸父国的东面，是黄河流入的地方。

拘瘿之国在其东[1]，一手把瘿。一曰利瘿之国。

【注释】

①瘿（yǐng）：一种疾病，因细胞增生形成的囊状赘生物，多为肉质，长在脖子上。

【译文】

拘瘿国在禹所积石山的东面，那里的人用一只手托着脖颈上的肉瘤。也有一种说法认为拘瘿国叫作利瘿国。

寻木长千里，在拘瘿南，生河上西北。

【译文】

有种叫寻木的树高一千里，在拘瘿国的南面，生长在黄河岸的西北方。

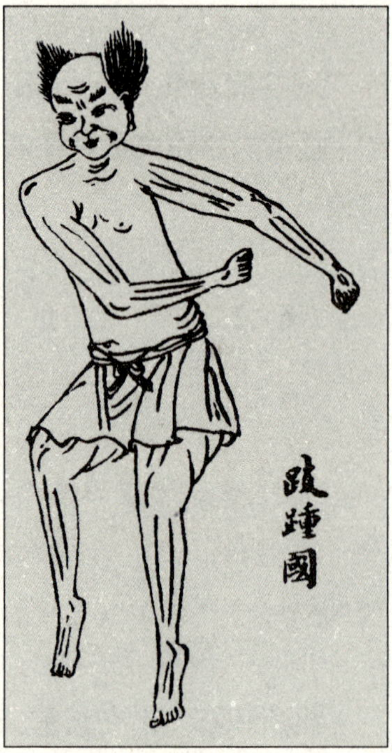

跂踵国

跂踵国在拘瘿东[1]，其为人两足皆大。一曰反踵[2]。

【注释】

①跂踵（qì zhǒng）：跂，翘起。跂踵就是走路时脚跟不着地。

②反踵：脚是反着长的，脚跟在前脚尖在后。

【译文】

跂踵国在拘瘿国的东面，那里的人身材高大，两只脚也非常大。也有一种说法认为跂踵国的人脚是反着长的。

欧丝国

欧丝之野在反踵东，一女子跪据树欧丝①。

【注释】

①据：倚靠。欧：同“呕”，吐出。

【译文】

欧丝野在反踵国的东面，有一个女子跪着靠在桑树上吐丝。

三桑无枝，在欧丝东，其木长百仞，无枝。

【译文】

三棵没有枝干的桑树，在欧丝野的东面，这种树高达一百仞，不生长树枝。

范林方三百里，在三桑东，洲环其下①。

【注释】

①洲：水中的小块陆地。环：绕。

【译文】

范林方圆三百里，在三棵桑树的东面，它的下面被沙洲环绕着。

务隅之山，帝颛顼葬于阳①，九嫔葬于阴②。一曰爰有熊、罴、文虎、离朱、鸱久、视肉。

【注释】

①阳：山的南面和水的北岸为阳。

②嫔：宫廷内的女官。阴：山的北面和水的南岸为阴。

【译文】

务隅山，帝颛顼葬在它的南面，九嫔埋葬在它的北面。也有一种说法认为这里有熊、罴、文虎、离朱、鸱久、视肉等鸟兽。

罗罗

平丘在三桑东，爰有遗玉、青马、视肉、杨柳、甘柤、甘华，百果所生。在两山夹上谷，二大丘居中，名曰平丘。

【译文】

平丘在三棵桑树的东面。这里有遗玉、青马、视肉、杨柳树、甘柤树、甘华树，是各种果树生长的地方。在两座山相夹山谷中，有两个大丘处于其间，叫作平丘。

北海内有兽，其状如马，名曰騊駼[①]。有兽焉，其名曰驳，状如白马，锯牙，食虎豹。有素兽焉，状如马，名曰蛩蛩[②]。有青兽焉，状如虎，名曰罗罗。

【注释】

①騊駼（táo tú）：一种野马。

②蛩蛩（qióng）：一种白色的像马模样的兽类。

【译文】

北海内有一种野兽，形貌和马相似，名叫騊駼。又有一种野兽，名叫驳，形貌像白色的马，长着锯齿般的牙，能吃老虎和豹子。又有一种素色的野兽，形貌和马相似，名叫蛩蛩。还有一种青色的野兽，形貌和老虎相似，名叫罗罗。

北方禺彊[①]，人面鸟身，珥[②]两青蛇。践[⑦]两青蛇。

【注释】

①禺彊：玄冥，神话传说中的水神和北方之神。

②珥：贯耳，这里指穿插、悬挂。

③践：踏，踩着。

【译文】

北方神禺彊，长着人的面孔和鸟的身子，耳朵上挂着两条青蛇，脚底下还踩踏着两条青蛇。

卷九　海外东经

卷九

海外东经

【题解】

《海外东经》的记载从南到北。关于九尾狐狸的记载在齐地和朝鲜一直盛行，关于狐仙的形象一直是东夷文化的重要组成部分。而竖亥步测大地的传说则明白无误地印证了先民们进行地理观测的活动，我国的数学和天文历法向来发达，这都是出于实践活动的需要。

扶桑、汤谷和十个太阳的传说也是古代神话系统的重要组成部分，其中包括了曦和神话，木公金母神话，可能还涉及一些三山神话，是自然神话的重要组成部分，但是其中的细节也没有流传下来，这是很可惜的。

海外自东南陬至东北陬者。

【译文】

海外从东南角到东北角的国家、山川、物产如下所述。

䃌丘[①]，爰有遗玉、青马、视肉、杨柳、甘柤、甘华，百果所生。在东海，两山夹丘，上有树木。一曰嗟丘。一曰百果所在，在尧葬东[②]。

【注释】

①䃌（jiē）丘：郭璞注："音嗟，或作发。"

②在尧葬东：尧葬于狄山，见《海外南经》。

【译文】

䃌丘，这里有遗玉、青马、视肉兽、杨桃树、甘柤树、甘华树。生长着甜美果子的树就生长在这地方。在东海，两座山夹着䃌丘，䃌丘上面有树木。

另一种说法认为蹉丘也叫嗟丘。还有一种说法认为蹉丘是各种果树生长的地方，在帝尧葬地的东面。

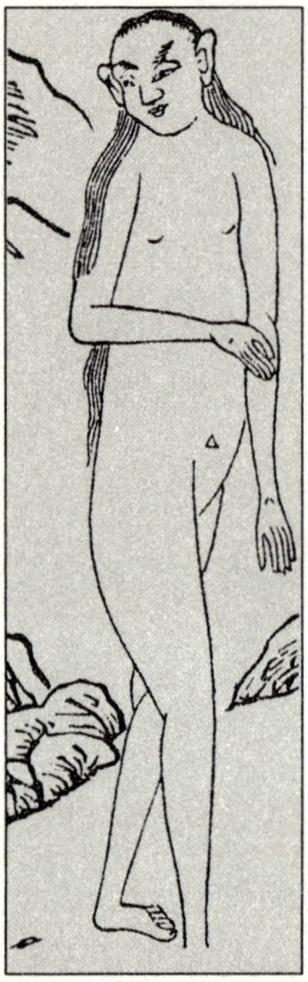
大人国

大人国在其北，为人大，坐而削船[①]。一曰在蹉丘北。

【注释】

①削(shāo)船：划船，行船。削，通“梢”，梢是长竿。

【译文】

大人国在它的北面，这个国家的人身材高大，善于使船。一种说法认为大人国在蹉丘的北面。

奢比之尸在其北，兽身、人面、大耳，珥两青蛇[①]。一曰肝榆之尸。在大人北。

【注释】

①珥(ěr)：在耳朵上穿挂饰品。

【译文】

奢比尸国在大人国的北面，这个国家的人都长着野兽的身子、人的面孔、大大的耳朵，耳朵里插着两条青蛇。还有一种说法认为它叫肝榆尸国，在大人国的北面。

奢比尸

君子国[①]在其北，衣冠带剑，食兽，使二大虎在旁[②]，其人好让不争。有薰华草，朝生夕死[③]。一曰在肝榆之尸北。

【注释】

①君子国：《大荒东经》：“有东口之山，有君子之国，其人衣冠带剑。”

②使二大虎在旁：驱使两匹花斑老虎在身旁。大虎，一作文虎。

③有薰华草，朝生夕死：此地有一种薰华草，早晨开花，傍晚就凋谢。

【译文】

君子国在它的北面，这个国家的人穿衣戴帽、腰间佩带剑，非常讲究。以吃野兽为食，左右常有两只大虎侍从。君子国的人为人谦让，不相争斗。那里有一种薰华草，早晨开花傍晚凋谢。还有一种说法认为君子国在肝榆尸神的北面。

虹虹在其北[1]，各有两首。一曰在君子国北。

【注释】

①虹虹（hóng）：虹霓。据古人的分类，颜色鲜艳的虹为雄，称为虹；颜色暗淡为雌，称为霓。

【译文】

虹虹国在它的北面，国中的人长有两个脑袋。一种说法认为虹虹国在君子国的北边。

朝阳之谷，神曰天吴，是为水伯。在虹虹北两水间。其为兽也，八首人面，八足八尾，背青黄。

【译文】

朝阳谷，有一个神人叫天吴，这就是水伯。他住在虹虹北面的两条水流之间。它也是一种野兽，长着八个头，面孔像人，有八只爪子和八条尾巴，背部是青黄色的。

青丘国在其北，其人食五谷，衣丝帛。其狐四足九尾。一曰在朝阳北。

【译文】

青丘国在它的北面。那里的人吃五谷，衣丝帛做的衣服。那里有种狐狸长着四只爪子和九条尾巴。也有一种说法认为青丘国在朝阳谷的北面。

帝命竖亥步[①]，自东极至于西极，五亿十选九千八百步[②]。竖亥右手把算[③]，左手指青丘北。一曰禹令竖亥。一曰五亿十万九千八百步。

【注释】

①竖亥：传说中一个走得很快的人，为大禹的臣子。步：用脚步丈量土地。

②选（suàn）：就是万，量词。

③算：古代计数用的筹码，长六寸。

【译文】

天帝命令竖亥步量大地，竖亥从最东端走到最西端，是五亿十选（万）九千八百步。竖亥右手拿着算筹，左手指着青丘国的北面。也有一种说法认为是大禹命令竖亥测量大地。还有一种说法认为步量结果是五亿十万九千八百步。

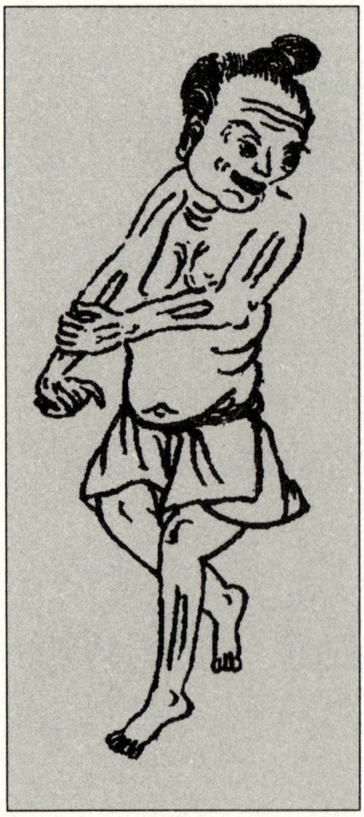

黑齿国

黑齿国在其北，为人黑齿，食稻啖蛇[①]，一赤一青，在其旁。一曰在竖亥北，为人黑首，食稻使蛇，其一蛇赤。

【注释】

①啖（dàn）：吞吃。

【译文】

黑齿国在它的北面，那里的人牙齿是黑色的，吃着稻米，吃着蛇，还有一条红蛇和一条青蛇在他旁边。也有一种说法认为黑齿国在竖亥所在之地的北面，那里的人脑袋是黑色的，吃着稻米驱使着蛇，其中一条蛇是红色的。

下有汤谷[①]。汤谷上有扶桑，十日[②]所浴[③]，在黑齿北。居水中，有大木，九日居下枝，一日居上枝。

【注释】

①汤谷：旸谷。古代传说日出之处。

②十日：十个太阳。

③浴：沐浴，洗澡。

【译文】

黑齿国的北边有个谷，这就是汤谷。汤谷上有一种神树叫扶桑。这里是十个太阳洗澡的地方。扶桑树就生长在汤谷水中，树干树枝很大很高。九个太阳在下面树枝上，一个太阳在上面树枝上。

雨师妾（国）在其北，其为人黑，两手各操一蛇，左耳有青蛇，右耳有赤蛇。一曰在十日北，为人黑身人面，各操一龟。

雨师妾

【译文】

雨师妾国在汤谷的北面。那里的人全身黑色，两只手各握着一条蛇，左边耳朵上挂有青色蛇，右边耳朵挂有红色蛇。也有一种说法认为雨师妾国在十个太阳所在之地的北面，那里的人皮肤是黑色的，长着人的面孔，两只手各拿着一只龟。

玄股之国在其北。其为人股黑，衣鱼食鸥，两鸟夹之。一曰在雨师妾（国）北。

【译文】

雨师妾国的北边是玄股国。玄股国的人腿是黑色的，都以鱼皮做衣，以

玄股国

鸥鸟为食。他们的身旁总是一左一右有两只鸟供他们使唤。

毛民之国在其北，为人身生毛。一曰在玄股北。

【译文】

毛民国在它的北面。那里的人全身长有毛。也有一种说法认为毛民国在玄股国的北面。

劳民国在其北，其为人黑，食草果实。有一鸟两头。或曰教民。一曰在毛民北，为人面目手足尽黑。

劳民国

【译文】

劳民国在它的北面，那里的人全身黑色。他们吃草和果实。那里有一种两头鸟。有的人称劳民国为教民国。也有一种说法认为劳民国在毛民国的北面，那里的人面孔、眼睛、手、脚都是黑色的。

东方句芒[1]，鸟身人面，乘两龙。

【注释】

①句（gōu）芒：神话中掌管东方的木神。

【译文】

东方的句芒神，长着鸟的身子、人的面孔，他乘着两条龙。

建平元年四月丙戌[1]，待诏太常属臣望校治[2]，侍中光禄勋臣龚、侍中奉车都尉光禄大夫臣秀领主省[3]。

【注释】

①建平元年：建平为汉哀帝刘欣的年号。建平元年指公元前6年。

②待诏太常属臣望：疑是丁望。

③龚：王龚。秀：刘秀。刘向之子，西汉末著名的学者。

【译文】

建平元年四月丙戌日，待诏太常属臣丁望校对整理，侍中光禄勋臣王龚、侍中奉车都尉光禄大夫臣刘秀领衔主持。

卷十　海内南经

卷十

海内南经

【题解】

《海内南经》的叙述顺序是由东向西，记录了从海内的东南角到西南角的山川、河流、国家、植物、动物和相关的神话传说。记载的范围涵盖了从今天的浙江到福建、广东乃至于今天西北地区的广阔领土。

《海内南经》的很多记载，比如关于瓯、闽、番禺的记载，都可与这些地区现有的称呼互相印证，这充分表明早在先秦时代，中华文明已经在闽越、岭南一带生根发芽。关于夏后启之臣孟涂在巴地受理诉讼的记载，也许可能与远古的巴文明和三星堆文化有某种内在联系。

《海内南经》还记载了诸如狌狌、犀牛这样的物产，尽管是否就是现在可与之相对应的物种尚未可知，但是却表明西北地区的气候可能曾经十分潮湿温暖，适合这些物种生存。《海内南经》还记载了巴蛇食象的传说，这可能就是"人心不足蛇吞象"这一说法的来源。关于窫窳的神话，《海内西经》、《北山经》上均有记述。郭璞作注说，窫窳本是蛇身人面，后被贰负的下臣所杀，又被治活之后，变化成这种怪兽的。

海内东南陬以西者。

【译文】

海内由东南角向西的国家、山川分布如下。

瓯居海中[①]。闽在海中[②]，其西北有山。一曰闽中山在海中。

【注释】

①瓯(ōu)：古地名，在今浙江温州一带。

②闽：古地名，今指福建福州一带。

【译文】

瓯在海中。闽在海中，它的西北有座山。也有一种说法认为闽地的山在海中。

三天子鄣山在闽西海北[①]。一曰在海中。

【注释】

①三天子鄣(zhāng)：山名，其地大约在今安徽境内。

【译文】

三天子鄣山在闽的西边，海的北方。另一种说法认为三天子鄣山也在海里。

桂林八树在番隅东[①]。

【注释】

①番(pān)隅：古地名，今广东有番禺市。

【译文】

由八棵巨大的桂树组成的树林在番隅的东面。

伯虑国、离耳国、雕题国、北朐国皆在郁水南[①]。郁水出湘陵南海。一曰相虑。

【注释】

①雕题：雕画其额。题，额头。北朐：传说中的国名。

【译文】

伯虑国、离耳国、雕题国、北朐国都在郁水河的南面。郁水是从湘陵南山流出。还有一种说法认为伯虑国又叫作相虑国。

枭阳国在北朐之西。其为人人面长唇，黑身有毛，反踵[①]，见人则笑，左手操管[②]。

枭阳国

【注释】

①反踵：足跟是倒转生的。

②左手操管：左手握着一只竹筒。

【译文】

枭阳国在北朐国的西面。这个国家的人样子像人，但是嘴唇又大又长，黑黑的身子还长毛，脚跟在前而脚尖在后，一看见人就张口大笑；左手握着一根竹筒。

兕在舜葬东[①]，湘水南，其状如牛，苍黑，一角。

【注释】

①兕（sì）：犀牛。

【译文】

兕在帝舜墓冢的东面，湘水的南岸。兕的形貌和牛相似，全身青黑色，长着一只角。

苍梧之山[①]，帝舜葬于阳，帝丹朱葬于阴[②]。

【注释】

①苍梧之山：疑即九嶷山。在今湖南宁远南。

②丹朱：帝尧之子。

【译文】

苍梧山，帝舜葬在此山的南面，帝丹朱葬在此山的北面。

氾林方三百里[1]，在狌狌东[2]。

【注释】

①氾林：地名。

②狌狌（xīng）：猩猩。

【译文】

氾林方圆三百里，在狌狌生活之地的东面。

狌狌知人名，其为兽如豕而人面，在舜葬西。

【译文】

狌狌能知道人的姓名，这种野兽的形貌和猪相似而长着人一样的面孔，生活在帝舜墓冢的西边。

狌狌西北有犀牛，其状如牛而黑。

【译文】

狌狌的西北面有犀牛，它的形貌和牛相似而全身是黑色的。

夏后启之臣曰孟涂，是司神于巴，巴人讼于孟涂之所[1]，其衣有血者乃执之，是请生。居山上，在丹山西[2]。

【注释】

①讼（sòng）：打官司。

②丹山：今在湖北秭归附近。

【译文】

夏后启的臣子叫孟涂，他是主管巴地诉讼的神。巴地的人到孟涂那里去告状，孟涂就把衣服上沾有血迹的人抓起来。这是他爱护生灵的表现。孟涂住在一座山上，此山在丹山的西边。

窫窳居弱水中[①]，在狌狌之西，其状如貙[②]，龙首，食人。

窫窳

【注释】

①窫窳（yà yǔ）：本是蛇身人面的神，被贰负臣所杀，其事见于《海内西经》。

②貙（chū）：兽名。

【译文】

窫窳长着像龙一样的头，住在弱水中，在能知道人姓名的狌狌的西面，它的形貌像貙一样，是能吃人的。

有木，其状如牛，引之有皮[①]，若缨、黄蛇。其叶如罗[②]，其实如栾[③]，其木若苉[④]，其名曰建木。在窫窳西弱水上。

【注释】

①引：拉，牵。

②罗：捕鸟用的网。

③栾：栾华，传说中的一种树木，有黄色的树根，红色的树枝，青色的树叶。

④苉（ōu）：木名，即刺榆。

【译文】

有一种树，形状像牛，树皮可以拉下来，样子像冠帽上的缨带、黄蛇皮一样。它的叶子像罗网，果实像栾华树结的果实，树干像刺榆，名叫建木。

这种树生长在窫窳所在之地西边的弱水岸上。

氐人国

氐人国在建木西[1]，其为人人面而鱼身，无足。

【注释】

①氐（dí）人国：传说中的古国名。我国古代有氐族，居住在西北一带。

【译文】

氐人国在建木生长之地的西面，那里的人都长着人的面孔、鱼的身子，没有脚。

巴蛇食象，三岁而出其骨，君子服之，无心腹之疾。其为蛇青黄赤黑。一曰黑蛇青首，在犀牛西。

【译文】

巴蛇能吞下大象，吞吃三年后才吐出大象的骨头。君子如果吃了巴蛇的肉，就不会患心痛或肚痛之类的病。这种巴蛇的颜色是青色、黄色、红色、黑色混合交错的。也有一种说法认为巴蛇的样子是黑色身子、青色脑袋，在犀牛所在之地的西面。

旄马，其状如马，四节有毛。在巴蛇西北，高山南。

【译文】

巴蛇生活地的西北有一座高山，高山的南边生活着一种马，名叫旄马。旄马看上去就像一匹很平常的马，只是它四肢骨节处有很长的毛。

卷十一　海内西经

卷十一

海内西经

【题解】

《海内西经》从东到西记载了从今天的西北地区一直到达古代所谓西域的山脉、河流、国家、物产。《海内西经》的记载围绕着昆仑山进行，而昆仑山在传说中是中华文明的圣山，有着无与伦比的尊崇地位。

本章的记载是真实与神话并存。关于中原本部的雁门、高柳及接近于中原本部的氐国及至氐国以西的流沙的记载基本上反映了西北地区的民族状况和地理风貌。流沙就是今天甘肃以西的沙漠地区，是中原文明和西域文明的分界线。

海内西南陬以北者。

【译文】

海内由西南角向北的国家、山川、物产如下所述。

后稷之葬[①]，山水环之。在氐国西[②]。

【注释】

①后稷(jì)：传说中周人的祖先。

②氐国：上文提到的氐人国。

【译文】

后稷的葬身之所，有山水环绕。墓地在氐国的西面。

流黄酆氏之国[①]，中方三百里[②]，有涂四方[③]，中有山。在后稷葬西。

【注释】

①流黄酆氏之国：国名。

②中：域中，就是国土以内的意思。

③涂：道路。

【译文】

流黄酆氏国，疆域方圆三百里。有道路通向四方，国中有一座大山。流黄酆氏国在后稷所葬之处的西面。

流沙出钟山[①]，西行又南行昆仑之虚，西南入海，黑水之山。

【注释】

①流沙：沙子和水一起流行移动的一种自然现象。

【译文】

流沙是从钟山流出，向西流出再朝南流到昆仑山，继续往西南流入大海，一直到黑水山。

国在流沙中者埻端、玺唤[①]，在昆仑虚东南。一曰海内之郡，不为郡县，在流沙中。

【注释】

①埻（dūn）端、玺唤（huàn）：都是古代地名。

【译文】

在昆仑山东南边有一片流沙地区。流沙中有两个国家，一是埻端，一是玺唤。也有说埻端、玺唤是海内的两个郡，只不过名后没冠"郡县"字而已。

国在流沙外者，大夏、竖沙、居繇、月支之国[①]。

【注释】

①居繇（yáo）：国名。

【译文】

昆仑山东南那片流沙外有四个国家：大夏国、竖沙国、居繇国、月支国。

西胡白玉山在大夏东，苍梧在白玉山西南，皆在流沙西，昆仑虚东南。昆仑山在西胡西。皆在西北。

【译文】

西域有一座山，名叫白玉山。这座山在大夏的东边。白玉山的西南就是苍梧国。白玉山、苍梧国都在流沙的西边、昆仑山的东南边。昆仑山在西域的西部。西域在海内的西北部。

海内昆仑之虚①，在西北，帝之下都②。昆仑之虚，方八百里，高万仞。上有木禾③，长五寻⑧，大五围⑤。面有九井⑥，以玉为槛，面有九门，门有开明兽⑦守之，百神之所在。在八隅之岩，赤水之际，非仁羿莫能上冈之岩。

【注释】

①海内昆仑之虚：郭璞注："言海内者，明海外复有昆仑山。"郝懿行注："荒外之山，以昆仑名者盖多焉。"

②帝之下都：天帝在下方的都邑。

③木禾：谷类。郭璞注："谷类也，生黑水之阿，可食。"

④长五寻：即高四丈。寻，古代长度单位，八尺为一寻。

⑤大五围：即大有五人合抱。围，计量圆周的单位，指两手合抱起来的长度。

⑥面有九井：昆仑山每面有九口井。面，一作"上"。

⑦开明兽：神兽名。

开明兽

【译文】

海内的昆仑山在西北方，是天帝在下界的都城。昆仑山方圆八百里，高达万仞。山顶有一棵像大树似的稻谷，高达五寻，需五人才能合抱。昆仑山的每一面都有九眼井，每眼井周围都有用玉石制成的围栏。昆仑山的每一面还有九道门，而每道门都有叫开明的神兽守卫，那里是天神们聚集的地方。天神们聚集的场所在八方山岩之间，赤水的岸边，不是像羿那样仁德有才智的人，都不能攀上那些山冈岩石。

赤水出东南隅，以行其东北，西南流注南海厌火东。

【译文】

赤水从昆仑山的东南角发源，流向东北方，再由东北角折转流回来灌注在南海厌火国的东边。

河水出东北隅，以行其北，西南又入渤海，又出海外，即西而北，入禹所导积石山。

【译文】

黄河水从昆仑山的东北角流出，然后流到昆仑山的北面，再折向西南流入渤海，又流出海外，就此向西而后往北流，一直流入大禹所疏导过的积石山。

洋水、黑水出西北隅①，以东，东行，又东北，南入海，羽民南。

【注释】

①洋（xiáng）：古水名。“洋”或作“漾”。漾水发源于甘肃充县附近，为汉水的源头。

【译文】

洋水、黑水从昆仑山的西北角流出，然后折向东方，朝东流去，再折向东北方，又朝南流入大海，直到羽民国的南面。

弱水、青水出西南隅[①]，以东，又北，又西南，过毕方鸟东。

【注释】

①弱水：发源于祁连山，流入居延海。其地皆在今甘肃内。

【译文】

弱水、青水从昆仑山的西南角流出，然后折向东方，朝北流去，再折向西南方，又流经毕方鸟所在地的东面。

昆仑南渊深三百仞。开明兽身大类虎而九首[①]，皆人面，东向立昆仑上。

【注释】

①类：像。

【译文】

昆仑山的南面有一个深约三百仞的大渊。那里有个像虎一样的神兽，名叫开明兽却长着九个脑袋，都像人一样的面孔，脸朝东方，站在昆仑山顶。

开明西有凤皇、鸾鸟，皆戴蛇践蛇，膺有赤蛇[①]。

【注释】

①膺（yīng）：胸口。

【译文】

开明神兽的西面有凤凰、鸾鸟栖息，都是头上顶着蛇，脚下踩着蛇，胸前还挂着一条红色的蛇。

凤皇

开明北有视肉、

珠树、文玉树、玗琪树、不死树[①]。凤皇、鸾鸟皆戴瞂[②]。又有离朱、木禾、柏树、甘水、圣木曼兑，一曰挺木牙交。

【注释】

①文玉树：五彩玉树。玗琪（yú qí）：美玉。

②瞂（fá）：盾牌。

【译文】

开明神兽的北面有视肉、珠树、文玉树、玗琪树、不死树。这个国家的凤凰、鸾鸟都戴着像盾牌一类的东西，还有三足鸟、像树似的稻谷、柏树、甘水、圣木曼兑。还有一种说法认为圣木曼兑叫作挺木牙交。

窫窳

开明东有巫彭、巫抵、巫阳、巫履、巫凡、巫相[①]，夹窫窳之尸，皆操不死之药以距之。窫窳者，蛇身人面，贰负臣所杀也。

【注释】

①巫彭、巫抵、巫阳、巫履、巫凡、巫相：上古巫医不分，群巫皆神医。

【译文】

开明神兽的东面有巫师神医巫彭、巫抵、巫阳、巫履、巫凡、巫相，他们围在窫窳的尸体周围，都拿着长生不老药抵抗死神，要使他死而复生。这位窫窳，是蛇的身子，人的面孔，是被贰负和他的臣子危合伙杀死的。

服常树，其上有三头人，伺琅玕树[①]。

【注释】

①琅玕（láng gān）：传说中果实是珠玉的仙树。

【译文】

有一种服常树，它上面有个长着三个头的人，正在伺察着琅玕树。

三头人

开明南有树鸟、六首蛟、蝮、蛇、蜼、豹、鸟秩树[①]，于表池树木[②]；诵鸟、鶽、视肉[③]。

【注释】

①蜼（wèi）：一种长尾猿。

②树：环绕种植。

③鶽（sǔn）：一种雕类。

树鸟

【译文】

开明兽的南面有树鸟、长着六个头的蛟龙、蝮、蛇、蜼、豹、鸟秩树，排列在水池四周；那里还有诵鸟、雕、视肉。

蛇巫之山，上有人操柸而东乡立[①]。一曰龟山。

【注释】

①柸（bēi）：杯，就是盛酒的礼器。乡：通“向”。

【译文】

蛇巫山，上面有人拿着一个杯子向东站着。也有一种说法认为蛇巫山叫作龟山。

西王母梯几而戴胜[①]。其南有三青鸟，为西王母取食。在昆仑虚北。

【注释】

①梯几：梯是凭倚，依靠；几是矮小的桌子。胜：妇女的一种首饰。

【译文】

西王母倚着小桌子，头上戴着玉胜。在她的南面有三只青鸟，替西王母觅取食物。西王母所在之地在昆仑山的北面。

卷十二 海内北经

卷十二

海内北经

【题解】

《海内北经》的记载从海内的西北角，也就是从西北的匈奴国开始，经过犬戎、穷奇再到昆仑山，又越过山西的雁门一带，最后到达东北的貊国和盂鸟国。《海内北经》是对古代北部中国即塞外国度的一次鸟瞰。

《海内北经》的神话相对较少，主要有天帝惩罚贰负的滥杀和舜妻所生两神女的故事。但是神话的碎片倒不少，如从极之渊冰夷，郭璞注说，冰夷即冯夷。也就是河伯。本经中没有详细的叙述。河伯可能是传说中古代黄河水神，而且是一个浪荡风流的神，在古代神话中河伯是个反面形象的人物。《海内北经》描写的许多怪兽颇为生动，比如说兽头人身的环狗，日行千里的奇兽驺吾。

海内西北陬以东者。

【译文】

海内由西北角向东的国家、山川、河流、物产依次如下。

匈奴、开题之国、列人之国并在西北①。

【注释】

①匈奴：秦汉时期我国北方的古国。

【译文】

匈奴、开题国、列人国都在它的西北。

贰负之臣曰危①，危与贰负杀窫窳，帝乃梏之疏属之山②，桎其右足③，

贰负臣危

反缚两手，系之山上木。在开题西北。

【注释】

①贰负：神话中的天神，样子是人面蛇身。

②梏（gù）：古代的刑具，木质的手铐。这里是指用刑具拘禁。

③桎（zhì）：古代的刑具，用来拘住罪人的双脚。

【译文】

贰负的臣子有个叫危的，危与贰负一起杀死了窫窳。天帝把贰负拘禁在疏属山中。给他的右脚戴上刑具，反绑上他的双手，拴在山上的一棵大树下。那座山在开题国的西北。

有人曰大行伯，把戈。其东有犬封国。贰负之尸在大行伯东。

【译文】

有个人叫大行伯，手里握一把戈。他的东面有一个犬封国。贰负的尸体在大行伯的东面。

犬封国曰犬戎国[①]，状如犬。有一女子，方跪进柸食[②]。有文马[③]，缟身朱鬣[④]，目若黄金，名曰吉量[⑤]，乘之寿千岁。

【注释】

①犬戎国：也叫狗国。“封”，“戎”音近。

②杯食：同“杯食”，即一杯酒食之意。

③文马：马赤鬃缟身，目若黄金。

④朱鬣（liè）：马颈上的红色长毛。

⑤吉量：亦作“吉良”。

犬戎国

【译文】

犬封国也叫犬戎国，那里的人的样子都像狗。有一女子，正跪在地上向人进献酒食。犬封国里还有文马，它有白色的身子和红色的鬃毛，眼睛像黄金，名叫吉量，人骑上它能长寿千岁。

鬼国

鬼国在贰负之尸北，为物人面而一目。一曰贰负神在其东，为物人面蛇身。

【译文】

鬼国在贰负尸体的北面，那里的人是人的脸孔，却长着一只眼睛。另一种说法认为贰负神在鬼国的东边，他是人的面孔蛇的身子。

蜪犬如犬[①]，青，食人从首始。

【注释】

①蜪（táo）犬：传说中的兽名。

穷奇

【译文】

蜪犬的形状像狗，全身青色，这种蜪会吃人，而且是从人的头开始吃起。

穷奇状如虎，有翼，食人从首始，所食被发[①]。在蜪犬北。一曰从足。

【注释】

① 被发：披头散发。被，同“披”，披散开。

【译文】

穷奇的样子长得像老虎，又有翅膀，穷奇吃人也是从人的头开始吃起。正被吃的人披头散发。穷奇在蜪犬的北面。还有一种说法认为穷奇吃人是从人的脚开始吃起的。

帝尧台、帝喾台、帝丹朱台、帝舜台，各二台，台四方，在昆仑东北。

【译文】

帝尧台、帝喾台、帝丹朱台、帝舜台，各自有两座台，每座台都是四方形，在昆仑山的东北面。

大蜂，其状如螽[①]；朱蛾，其状如蛾[②]。

大蜂

【注释】

① 螽（zhōng）：虫名，蝗虫类的昆虫。

②蛾（yǐ）：蚍蜉，就是蚂蚁。

【译文】

有一种大蜂，形状像螽，头很大。有一种朱蛾，形状像蚍蜉。

蟜[①]，其为人虎文，胫有䏿，在穷奇东。一曰状如人，昆仑虚北所有[②]。

【注释】

①蟜（qiáo）：这种人身上有着老虎的斑纹，足胫上有十分健劲的筋。郭璞注："蟜音桥，言脚有膞肠也。"

②昆仑虚北所有：以上这些事物都是昆仑山北边所有的。

【译文】

蟜国在穷奇的东面。蟜国人身子长着像老虎一样的斑纹，小腿肚子上的肉非常强健。还有一种说法认为蟜的形状像人，在昆仑山的北面。

阘非[①]，人面而兽身，青色。

【注释】

①阘（tà）非，传说中的野人。

【译文】

阘非国的人，长着人面兽身，一身青毛。

阘非

据比之尸，其为人折颈被发[①]，无一手。

【注释】

①折颈：折断脖颈。被发：披发。

环狗

【译文】

天神据比的尸体颈脖都被砍断，披头散发，只有一只手，另外一只手也不知被丢到哪里去了。

环狗，其为人兽首人身。一曰蝟状如狗[①]，黄色。

【注释】

①蝟（wèi）：兽名。今作“猬”。

【译文】

环狗国的人，脑袋像野兽，身子像人。也有的说样子就像是一只黄狗。

袜[①]，其为物人身、黑首、从目[②]。

【注释】

①袜（mèi）：鬼魅、鬼怪。

②从（zòng）：同“纵”，竖立。

【译文】

袜，这种怪物长着人的身子、黑色脑袋、竖立的眼睛。

袜

戎，其为人人首三角。

【译文】

戎，形貌像人，长着人的头而头上有三只角。

林氏国有珍兽，大若虎，五采毕具，尾长于身，名曰驺吾[①]，乘之日行千里。

驺吾

【注释】

①驺吾：怪兽名。又作“驺虞”。

【译文】

林氏国有一种珍奇的野兽，大小和老虎差不多，身上长有五彩斑纹，尾巴比身子长，名叫驺吾，人骑上它可以日行千里。

昆仑虚南所，有氾林方三百里。

【译文】

昆仑山的南面，有一片氾林，方圆三百里大小。

冰夷

从极之渊，深三百仞，维冰夷恒都焉[①]。冰夷人面，乘两龙。一曰忠极之渊。

【注释】

①冰夷：冯（píng）夷、无夷，就是传说中的河伯。

【译文】

从极渊深三百仞，那里是冰夷神常常居住的地方。冰夷神长着人的面孔，乘着两条龙。也有一种说法认为从极渊叫作忠极渊。

阳汙之山，河出其中；凌门之山，河出其中。

【译文】

再往东有两座山，一座是阳汙山，另一座是凌门山。这两座山都有水流出，流出山涧后汇合成黄河。

王子夜之尸，两手、两股、胸、首、齿，皆断异处。

【译文】

王子夜的尸体，两只手、两条腿、胸脯、头颅、牙齿，都被斩断而散落在不同地方。

大泽方百里，群鸟所生及所解。在雁门北。

【译文】

有一个大沼泽方圆百里，是各种禽鸟生蛋孵化幼鸟和脱毛换毛的地方。这个大沼泽在雁门山的北面。

雁门山[①]，雁出其间。在高柳北。

【注释】

①雁门山：山名。其地在今山西北部。

【译文】

雁门山，是大雁迁徙时出入的地方。它在高柳山的北面。

高柳在代北。

【译文】

高柳山在代地的北边。

舜妻登比氏生宵明、烛光[①]，处河大泽，二女之灵能照此所方百里。一曰登北氏。

【注释】

①宵明、烛光：传说中舜女之名。

【译文】

再往东是黄河流域的一个大泽。舜的妻子登比氏所生两个女儿宵明、烛光就住在这个大泽中。这两位女神的神光映照着这附近方圆上百里的区域。登比氏，也有说是登北氏。

东胡在大泽东[①]。

【注释】

①东胡：春秋战国时期我国东北的古国。

【译文】

东胡国在大泽的东面。

夷人在东胡东。

【译文】

夷人国又在东胡国的东面。

貊国在汉水东北[①]。地近于燕[②]，灭之。

【注释】

①貊（mò）国：北方古国名。在朝鲜半岛上。汉水：指朝鲜半岛上的汉江。

②燕（yān）：北方古国名。其地主要在河北、辽宁省内。

【译文】

貊国在汉水的东北边，靠近燕国，后来被燕国所灭掉。

孟鸟在貊国东北。其鸟文赤、黄、青，东乡[①]。

【注释】

①东乡（xiàng）：东向就是面朝东。乡，通“向”。

【译文】

孟鸟在貊国的东北面。这种鸟的羽毛有红、黄、青三种颜色的花纹，它向着东方站着。

卷十三　海内东经

卷十三

海内东经

【题解】

《海内东经》记载了从中土东北角的钜燕一直南下，包括今天渤海中的蓬莱山和山东半岛南端的琅邪台的内容。

此后从雷泽开始描绘了吴越两地地理风貌。雷泽在吴地西部，接近于江苏安徽一带。琅邪台在今天的山东一带，而会稽山则在今天的浙江一带。

《海内东经》的内容较少，主要是记述了从我国东南沿海一带的国度和物产。

海内东北陬以南者。

【译文】

海内由东北角向南的国家地区、山丘、河川依次如下。

钜燕在东北陬[①]。

【注释】

①钜：巨大的。

【译文】

大燕国在海内的东北角。

大蟹在海中。

【译文】

大蟹生活在海里。

大蟹

陵鱼

陵鱼[1]人面，手足，鱼身，在海中。

【注释】

①陵鱼：传说中的人鱼。

【译文】

陵鱼长着人的面孔，而且有手有脚，却是鱼的身子，生活在海里。

明组邑居海中[1]。

【注释】

①明组邑：海岛上的某个部落。邑，就是人们聚集的部落、村舍。

【译文】

明组邑生活在海岛上。

蓬莱山在海中[1]。

蓬莱山

【注释】

①蓬莱山：传说中的神山。约在今山东蓬莱的海面上。

【译文】

蓬莱山屹立在海中。

大人之市在海中。

【译文】

大人贸易的集市在海里。

雷泽中有雷神[1]，龙身而人头，鼓[2]其腹。在吴西。

【注释】

①雷泽：亦作“轩泽”，古泽名，神话传说中雷神的居处。雷神：神话中主管打雷的神。俗称雷公。

②鼓：鼓动，拍打。

【译文】

吴国的西边有个雷泽。雷泽中有神，名叫雷神。雷神身形似龙，脑袋似人。他只要一拍肚子，便会发出震耳欲聋的雷声。

雷神

都州在海中。一曰郁州。

【译文】

海中有个小岛，名叫都州。也有的说名叫郁州。

琅邪台在渤海间[①]，琅邪之东。其北有山。一曰在海间。

【注释】

①琅（láng）邪（yá）台：有说法认为琅邪台是今天山东境内的一座山，只不过形状像座高台，所以被称为琅邪台。还有说法认为琅邪台指春秋末年越王勾践修筑的琅邪台，用来观望东海。

【译文】

琅邪台位于渤海之中，在琅邪国的东面。它的北面有座山。也有一种说法认为琅邪台在海中。

韩雁在海中，都州南。

【译文】

韩雁国在海中，在都州的南面。

始鸠在海中，韩雁南。

【译文】

韩雁国南边的大海中那个国家便是始鸠国。

会稽山在大楚南。

【译文】

会稽山在大楚国的南边。

岷三江，首大江出汶山，北江出曼山，南江出高山。高山在城都西，入海，在长州南。

【译文】

从岷山上流出三条江水，首先是大江从汶山发源，其次是北江从曼山发源，还有南江从高山发源。高山在成都的西面。三条江水都注入大海，入海口在长州的南面。

浙江出三天子都，在其东。在闽西北，入海，馀暨南。

【译文】

浙江从三天子都山发源，三天子都山在它的东面，闽的西北面。浙江注入大海，入海口在馀暨的南面。

庐江出三天子都，入江，彭泽西。一曰天子鄣。

【译文】

庐江从三天子都山发源，注入长江，入江处在彭泽的西面。也有一种说法认为庐江从天子鄣发源。

淮水出馀山，馀山在朝阳东，义乡西。入海，淮浦北。

【译文】

淮水发源于馀山，馀山坐落于朝阳的东面，在义乡的西面。淮水注入大海，入海口在淮浦的北面。

湘水出舜葬东南陬，西环之。入洞庭下。一曰东南西泽。

【译文】

湘水发源于帝舜葬地的东南角，向西环绕流而去。注入洞庭湖下游。一种说法认为是注入东南方的西泽。

汉水出鲋鱼之山，帝颛顼葬于阳，九嫔葬于阴，四蛇卫之。

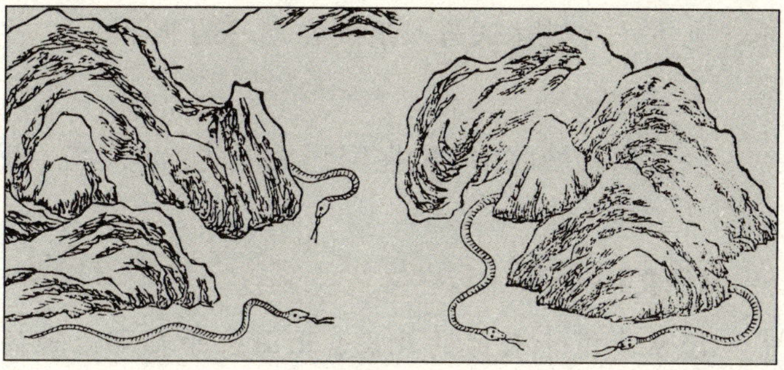

四蛇

【译文】

汉水从鲋鱼山发源，帝颛顼葬在鲋鱼山的南面，帝颛顼的九个嫔妃葬在鲋鱼山的北面，有四条巨蛇护卫着墓冢。

濛水出汉阳西，入江，聂阳西。

【译文】

濛水发源于汉阳西面，最后注入长江，入江处在聂阳西面。

温水出崆峒山，在临汾南，入河，华阳北。

【译文】

温水发源于崆峒山，崆峒山位于临汾的南面，温水最后注入黄河，入河处在华阳的北面。

颍水出少室，少室山在雍氏南，入淮西鄢北。一曰缑氏。

【译文】

颍水从少室山发源，少室山在雍氏的南面。颍水在西鄢的北边注入淮水。也有一种说法认为颍水在缑氏注入淮水。

汝水出天息山，在梁勉乡西南，入淮极西北。一曰淮在期思北。

【译文】

汝水从天息山发源，天息山在梁勉乡的西南。汝水在极的西北注入淮水。也有一种说法认为入淮处在期思的北面。

泾水出长城北山，山在郁郅长垣北，北入渭。戏北。

【译文】

泾水发源于长城的北山，北山位于郁郅长垣的北面，泾水最后流入渭水，入渭处在戏的北面。

渭水出鸟鼠同穴山，东注河，入华阴北。

【译文】

渭水发源于鸟鼠同穴山，向东注入黄河，入河处在华阴的北面。

白水出蜀，而东南注江，入江州城下。

【译文】

白水发源于蜀地，而向东南流注入长江，入江处在江州城下。

沅水山出象郡镡城西，入东注江，入下隽西，合洞庭中。

【译文】

沅水发源于象郡镡城的西面，向东流而注入长江，入江处在下隽的西面，最后汇入洞庭湖之中。

赣水出聂都东山，东北注江，入彭泽西。

【译文】

赣水发源于聂都东面的山中，向东北流而注入长江，入江处在彭泽的西面。

泗水出吴（鲁）东北，而南，西南过湖陵西，而东南注东海，入淮阴北。

【译文】

泗水从鲁地的东北发源，然后向南流，再向西南流经湖陵的西面，然后转向东南而流入东海，入海处在淮阴的北面。

郁水出象郡，而西南注南海，入须陵东南。

【译文】

郁水从象郡发源，然后向西南流入南海，入海处在须陵的东南面。

肄水出临晋西南，而东南注海，入番禺西。

【译文】

肄水发源于临晋的西南方，而后向东南流而注入大海，入海处在番禺的西面。

潢水出桂阳西北山，东南注肄水，入敦浦西。

【译文】

潢水从桂阳西北的山上发源，向东南流入肄水，入肄处在敦浦的西面。

洛水出洛西山，东北注河，入成皋之西。

【译文】

洛水发源于上洛西边的山中，流向东北方向，注入黄河，入河处在成皋的西边。

汾水出上窳北，而西南注河，入皮氏南。

【译文】

汾水从上窳的北面发源，然后向西南流而注入黄河，入河处在皮氏的南面。

沁水出井陉山东，东南注河，入怀东南。

【译文】

沁水发源于井陉山的东面，流向东南方而注入黄河，入河处在怀的东南面。

济水出共山南东丘，绝钜鹿泽，注渤海，入齐琅槐东北。

【译文】

济水发源于共山南面的东丘，流经钜鹿泽，最终注入渤海，入海处在齐琅槐的东北面。

潦水出卫皋东，东南注渤海，入潦阳。

【译文】

潦水发源于卫皋东面，流向东南注入渤海，入海处在潦阳。

虖沱水出晋阳城南，而西至阳曲北，而东注渤海，人越章武北。

【译文】

虖沱水从晋阳城南发源，然后向西流到阳曲的北面，再向东流入渤海，入海处在章武的北面。

漳水出山阳东，东注渤海，入章武南。

【译文】

漳水从山阳的东面发源，向东流入渤海，入海处在章武的南面。

卷十四　大荒东经

卷十四

大荒东经

【题解】

《大荒东经》记载了东海之外的山川、河流、国度和物产，神话传说丰富。这部分记载多为荒诞不经、奇异诡谲之事，充满了浪漫色彩。

少昊和帝俊的国家已经脱离原始游牧民族的习惯，开始驯化野兽，逐渐转向农耕的生活。青丘之国、柔仆民、黑齿之国、夏州、盖余之国可能是古代东夷部落的遗种。大言山、明星山、猗天苏门山、壑明俊疾山，都是太阳和月亮运行轨道上的山脉，对这些山的描述反映了古代人农耕生活对天文知识的需求和古人对地理天象的实际观测成果。

《大荒东经》的神话母题很多，主要有三大神话。第一是大荒之中孽摇頵羝山上有棵扶木，即扶桑树，温源谷也有扶木，太阳从扶桑树上升起，由三条腿的金乌承载的神话，这是一个自然崇拜神话。第二个是王亥到东夷贩牛，因为淫乱被有易部族杀害的神话。王亥是殷人的祖先，在《竹书纪年》和甲骨卜辞都有记载，而且他还是最早从事商业活动的人。因此，这是一个始祖崇拜的神话。第三是黄帝的大将应龙处杀蚩尤与夸父，以及皇帝以夔兽皮为鼓，以雷兽之骨敲击的神话，这是一个战争神话。

东海之外大壑①，少昊之国。少昊孺②帝颛顼于此，弃其琴瑟③。有甘山者，甘水出焉，生甘渊。

【注释】

①东海之外大壑：《艺文类聚》卷九引作“东海之外有大壑”，今据改。

②孺：通“乳”，用乳喂养。这里是抚育、养育的意思。

③琴瑟：指琴与瑟两种弦乐器，古代常合奏。

【译文】

东海之外有一条大沟壑，是少昊建国的地方。少昊在这里抚养帝颛顼，把帝颛顼幼年玩耍过的琴瑟丢在了沟壑里。有一座甘山，甘水从此山发源，然后又形成甘渊。

东南海之外，甘水之间，有羲和之国。有女子名曰羲和，方浴日于甘渊。羲和者，帝俊之妻，是生十日。

【译文】

在东海的外面，到甘水的中间，有个羲和国。有个女子叫羲和，正在甘渊中给太阳洗澡。羲和是帝俊的妻子，她生了十个太阳。

大荒东南隅有山，名皮母地丘。

【译文】

大荒的东南角有座山，名字叫皮母地丘。

东海之外，大荒之中，有山名曰大言，日月所出。

【译文】

东海以外，大荒当中，有座山叫大言山，那里是太阳和月亮升起的地方。

有波谷山者，有大人之国。有大人之市，名曰大人之堂。有一大人踆其上[①]，张其两臂。

【注释】

①踆："蹲"的古字。

【译文】

有座波谷山，这山里有大人国。还有大人们做买卖的集市，集市就在那座叫大人堂的山上。有一个大人正蹲在山上，张开他的两个臂膊。

小人国

有小人国，名靖人。

【译文】

有个小人国，那里的人被叫作靖人。

犂䰠之尸

有神，人面兽身，名曰犂䰠之尸[①]。

【注释】

①犂䰠（líng）之尸：古尸。

【译文】

有一个神人，长着人的面孔、野兽的身子，名叫犂䰠尸。

有潏山[①]，杨水出焉。

【注释】

①潏（jué）山：山名。

【译文】

有座潏山，杨水就发源于此。

有蒍国[①]，黍食[②]，使四鸟[③]：虎、豹、熊、罴。

【注释】

①蒍(wěi)国：古国名。

②黍(shǔ)：一种黏性谷米，北方称作黄米。

③鸟：这里实指兽，上古鸟兽统名。

【译文】

有一个蒍国，那里的人以黄米为食，能驱使四种野兽：老虎、豹子、熊、罴。

大荒之中，有山名曰合虚，日月所出。

【译文】

在大荒当中，有座山叫合虚山，是太阳和月亮升起的地方。

有中容之国。帝俊生中容，中容人食兽、木实，使四鸟：豹、虎、熊、罴。

【译文】

有个中容国。帝俊生了中容，中容国的人吃野兽的肉、树木的果实，能驱使四种野兽：豹子、老虎、熊、罴。

有东口之山。有君子之国，其人衣冠带剑。

【译文】

有座东口山。有个君子国，那里的人穿着衣服，戴着帽子，佩带着宝剑。

有司幽之国。帝俊生晏龙，晏龙生司幽，司幽生思士，不妻；思女，不夫。食黍，食兽，是使四鸟。

【译文】

有个司幽国。帝俊生了晏龙，晏龙生了司幽。司幽生了思士，思士不娶妻子；司幽还生了思女，思女不嫁丈夫。司幽国的人以黄米饭为食，也吃野兽的肉，他们能驱使四种野兽。

有大阿之山者。

【译文】

有一座山叫大阿山。

大荒之中，有山名曰明星，日月所出。

【译文】

大荒当中有座山，名叫明星山，是太阳和月亮升起的地方。

有白民之国。帝俊生帝鸿[①]，帝鸿生白民，白民销姓，黍食，使四鸟：虎、豹、熊、罴。

【注释】

①帝鸿：黄帝。

【译文】

有个白民国。帝俊生了帝鸿，帝鸿生了白民，白民国的人姓销，以黄米为食，能驱使四种野兽：老虎、豹子、熊、罴。

有青丘之国。有狐，九尾。

【译文】

有个青丘国。青丘国出产一种狐狸，这种狐狸有九条尾巴。

有柔仆民，是维嬴土之国[①]。

【注释】

①维：语助词。嬴土：肥沃的土地。

【译文】

有一群人被称作柔仆民，他们所在的国土很肥沃。

有黑齿之国。帝俊生黑齿，姜姓，黍食，使四鸟。

【译文】

有个黑齿国。帝俊的后裔是黑齿，姓姜，那里的人以黄米为食，能驱使四种野兽。

有夏州之国。有盖余之国。

【译文】

有个夏州国。夏州国附近有一个盖余国。

有神人，八首人面，虎身十尾，名曰天吴。

【译文】

有个神，长着八颗头，每个头上都有人的面孔，他有老虎的身子，十条尾巴，名字叫天吴。

大荒之中，有山名曰鞠陵于天、东极、离瞀[①]，日月所出。有神名曰折丹——东方曰折，来风曰俊——处东极以出入风。

折丹

【注释】

①离瞀（mào）：山名。

【译文】

大荒当中，有三座山分别叫鞠陵于天山、东极山、离瞀山，都是太阳和月亮升起的地方。有个神人名叫折丹，东方人称他为折，从东方吹来的风叫俊，折丹神就住在东极，主管风起风停。

东海之渚[①]中，有神，人面鸟身，珥[②]两黄蛇，践[③]两黄蛇，名曰禺虢。黄帝生禺虢，禺虢生禺京，禺京处北海，禺虢处东海，是为海神。

禺虢

【注释】

①渚：郭璞注："岛。"

②珥（ěr）两黄蛇：郭璞注："以蛇贯耳。"即耳朵上挂着两条黄蛇。

③践：脚踏，脚踩。

【译文】

在东海的岛屿上，有个神人，长着人的面孔、鸟的身子，耳朵上穿挂着两条黄蛇，脚底下踩着两条黄蛇，名叫禺虢。黄帝生了禺虢，禺虢生了禺京。禺京住在北海，禺虢住在东海，都是海神。

有招摇山，融水出焉。有国曰玄股[①]，黍食，使四鸟。

【注释】

①玄股：郭璞注："自髀以下如漆。"玄股国已见《海外东经》。

【译文】

有座招摇山，融水从这座山流出。那里有个国家叫玄股国。这个国家的人以黄米为食，能驯化驱使四种野兽。

王亥

有困民国[①]，勾姓，黍食。有人曰王亥[②]，两手操鸟，方食其头。王亥托于有易、河伯仆牛[③]。有易杀王亥，取仆牛[④]。河念有易，有易潜出，为国于兽，方食之，名曰摇民。帝舜生戏，戏生摇民。

【注释】

①困民国：又作因民国。

②王亥：相传为殷国的国君。

③河伯仆牛：郭璞注："河伯、仆牛，皆人姓名。"

④"有易"两句：意是有易国君恨王亥淫了他的妻子，于是杀了王亥，没收了他的牛羊（后来殷国新君上甲微兴率军报复，差点把有易族都给消灭了）。

【译文】

有个国家叫困民国，那里的人姓勾，以黄米为食。有个人叫王亥，他两手抓着一只鸟，正在吃鸟的头。王亥把一群大牛托有易和河伯保管。有易把王亥杀死，抢走了那群大牛。河伯同情有易，就帮助他偷偷地逃了出来，在野兽出没的地方建立国家，正在吃野兽的肉，这个国家叫摇民国。帝舜生了戏，戏的后裔是摇民。

海内有两人[①]，名曰女丑[②]。女丑有大蟹。

【注释】

①海内有两人：郭璞注："此乃有易所化者也。"郝懿行注："两人盖一为摇民，一为女丑。"

②女丑：女丑之尸。见《海外西经》，女丑就是女巫。

【译文】

海内有两个神人，其中的一个名叫女丑。女丑旁边有一只大蟹。

大荒之中，有山名曰孽摇頵羝[①]。上有扶木[②]，柱三百里[③]，其叶如芥[④]。有谷曰温源谷。汤谷上有扶木[⑤]，一日方至，一日方出，皆载于乌[⑥]。

【注释】

①孽摇頵羝（jūn dī）：山名。

②扶木：扶桑树，传说太阳从此升起。

③柱：像柱子般直立着。

④芥：芥菜。

⑤汤（yáng）谷：即旸谷。

⑥乌：可能是踆乌、离朱鸟、三足鸟之类，所指的都是神话里栖息在太阳里长三只爪子的乌鸦。

【译文】

大荒中有座山名叫孽摇頵羝山，山上有一种树，名叫扶木，树干高三百里，树叶似芥菜。这座山上有个谷，名叫温源，又叫汤谷。汤谷上也有扶木。这里是太阳升起的地方，一颗太阳返回，另一颗太阳马上升起，这些太阳都是由三足乌驮着的。

有神，人面、犬耳、兽身，珥两青蛇，名曰奢比尸。

【译文】

大荒中有个神，身形似兽，面孔似人，耳朵似狗，两耳垂各穿着一条青蛇。这个神就是奢比尸。

五采鸟

有五采之鸟，相乡弃沙①。惟帝俊下友②。帝下两坛，采鸟是司。

【注释】

①弃沙：这两个字意义不详。有些学者考证“弃沙”应该是“媻娑”二字讹误而成，媻娑的意思是鸟类羽毛飘举翩翩起舞的样子。

②友：友好、做朋友。

【译文】

有一群长着五彩羽毛的鸟，相向盘旋起舞。帝俊从天上下来和它们交友。帝俊在下界的两座祭坛，由这群五彩鸟掌管着。

大荒之中，有山名曰猗天苏门，日月所生。有壎民之国①。

【注释】

①壎（xūn）民：古国民。

【译文】

在大荒之中，有一座山叫猗天苏门山，是太阳和月亮升起的地方。有个壎民国。

有綦山①。又有摇山。有䰝山②。又有门户山。又有盛山。又有待山。有五采之鸟③。

【注释】

①綦（jì）山：山名。

②䰝（zèng）山：山名。

③采：颜色。

【译文】

有座綦山。又有座摇山。有座䰝山。又有座门户山。又有座盛山。又有座待山。还有一群羽毛五彩缤纷的鸟。

东荒之中，有山名曰壑明俊疾，日月所出。有中容之国。

【译文】

在东荒当中，有座山名叫壑明俊疾，是太阳和月亮升起的地方。有个中容国在附近。

东北海外，又有三青马、三骓、甘华[①]。爰有遗玉、三青鸟、三骓、视肉、甘华、甘柤[②]。百谷所在。

【注释】

①骓（zhuī）：毛色青白相间的马。

②爰（yuán）：这里。甘柤（zhā）：树名。

【译文】

在东北海之外，又有三青马、三骓马、甘华树。这里还有遗玉、三青鸟、三骓马、视肉、甘华树、甘柤树。是各种谷物生长的地方。

有女和月母之国。有人名曰鹓[①]——北方曰鹓，来风曰狻[②]——是处东北隅以止日月，使无相间出没，司其短长。

鹓

【注释】

①鵷（yuān）：一种鸟名。

②狻（yǎn）：从女和月母之国吹来的风名。

【译文】

有个女和月母国。有个神人名叫鵷，北方人叫它鵷，从那里吹来的风叫狻，它住在大地的东北角，掌管太阳和月亮的运行，以使它们不要杂乱无序地出没，控制它们出没时间的长短。

大荒东北隅中，有山名曰凶犁土丘。应龙处南极[①]，杀蚩尤与夸父，不得复上。故下数旱[②]。旱而为应龙之状，乃得大雨。

应龙

【注释】

①应龙：指一种有翼的龙。

②数（shuò）：屡次，多次。

【译文】

在大荒的东北角上，有座山名叫凶犁土丘山。应龙住在山的南端，因杀了蚩尤和夸父不能再回到天上了，因此下界经常发生旱灾。下界的人们遇天旱就装扮成应龙的样子求雨，这样就能得到大雨。

东海中有流波山，入海七千里。其上有兽，状如牛，苍身而无角，一足，出入水则必风雨，其光如日月，其声如雷，其名曰夔[①]。黄帝得之，以其皮为鼓，橛以雷兽之骨[②]，声闻五百里，以威天下。

【注释】

①夔（kuí）：传说中的怪兽名。

②橛（jué）：敲打。

【译文】

夔

东海中有座流波山，这座山在距离东海七千里的地方。山上有一种野兽。形状像牛，是青苍色的身子但没有犄角，仅有一条腿，出入海水时就一定会刮大风下大雨，它发出的亮光如同太阳和月亮，它吼叫的声音如同雷响，这种兽名叫夔。黄帝得到它，用它的皮制成鼓，用雷兽的骨头敲打这鼓，响声传到五百里以外，作战时便以此来增长士气，威震群敌。

卷十五　大荒南经

卷十五

大荒南经

【题解】

《大荒南经》记载了南海一带的山川、国家、鸟兽和物产，保留了很多古代氏族的来源传说以及一些神话传说。这里所谓的大荒以南显然范围很广，既有南海之中的氾天山，也有南海之外陆地上的野兽双双，赤水之东的苍梧之野。而苍梧是帝舜的葬身之所，显然还在大陆之上。

《大荒南经》也记载了一些神话。比如禹攻云雨，也就是民间自古就有的禹巫山治水的神话传说。后羿射杀凿齿的英雄神话，羲和生日的太阳崇拜神话。蚩尤丢弃桎梏化为枫木的化身神话，这与《大荒东经》中黄帝的大将应龙处杀蚩尤与夸父，天旱下雨的神话有出入，传说不一，我们也姑且当作神话传说罢了。

南海之外，赤水之西，流沙之东，有兽，左右有首，名曰跊踢[①]。有三青兽相并，名曰双双。

跊踢

【注释】

①跊(chù)踢：传说中的怪兽名。

【译文】

在南海外的大荒中，赤水西岸，流沙东岸，有两种兽。一种兽左右各长一个脑袋，这种兽名叫跊踢。另一种似青兽，长有三个脑袋，这种兽名叫双双。

有阿山者。南海之中，有汜天之山，赤水穷焉。

【译文】

有座阿山。南海当中有座汜天山，赤水流到这里就到了尽头。

赤水之东，有苍梧之野，舜与叔均之所葬也[1]。爰有文贝、离俞、鴟久、鹰、贾、委维、熊、罴、象、虎、豹、狼、视肉。

【注释】

①叔均：传说中帝舜的儿子，又叫商均。

【译文】

在赤水的东岸，有片原野叫苍梧野，是帝舜与叔均埋葬的地方。这里有文贝、离朱、鴟久、鹰、贾鸟、委蛇、熊、罴、大象、老虎、豹、狼、视肉等鸟兽。

玄蛇

有荣山，荣水出焉。黑水之南，有玄蛇，食麈[1]。

【注释】

① 麈（zhǔ）：鹿类，也名驼鹿，俗称四不像。

【译文】

有座荣山，荣水发源于此。在黑水的南岸，有一条玄蛇，正在吞食麈鹿。

有巫山者，西有黄鸟。帝药，八斋[1]。黄鸟于巫山，司此玄蛇。

【注释】

①斋：房舍。

【译文】

有座巫山，它的西面有只黄鸟。天帝的神仙药在此，有八个斋舍。黄鸟在巫山上监视着那条玄蛇。

麈

大荒之中，有不庭之山，荣水穷焉[①]。有人三身。帝俊妻娥皇，生此三身之国，姚姓，黍食，使四鸟。有渊四方，四隅皆达，北属黑水[②]，南属大荒。北旁名曰少和之渊，南旁名曰从渊[③]，舜之所浴也。

【注释】

①穷：尽头。

②属：连接、汇通。

③从（chōng）渊：深渊名。

【译文】

在大荒当中，有座不庭山，荣水流到这里就到了尽头。这里的人都长着三个身子。帝俊娶娥皇为妻，生下了三身国的这些子孙后代。三身国的人姓姚，以黄米为食，能驱使四种野兽。这里有一个四方形的深渊，四个角都能旁通，北边与黑水相连，南边和大荒相通。北侧的渊名叫少和渊，南侧的渊名叫从渊，是帝舜洗澡的地方。

又有成山，甘水穷焉。有季禺之国，颛顼之子，食黍。有羽民之国，其民皆生毛羽。有卵民之国，其民皆生卵。

卵民国

【译文】

又有一座成山，甘水最终流到这里。有个

季禺国，国人是颛顼帝的后代，吃黄米饭。还有个国家叫羽民国，这里的人都长着羽毛。又有卵民国，这里的人都产卵，人都从卵中孵化出来。

大荒之中，有不姜之山，黑水穷焉。又有贾山，汔水[1]出焉。又有言山。又有登备之山[2]。有䰠䰠[3]之山。又有蒲山，澧水出焉。又有隗山，其西有丹[4]，其东有玉，又南有山，漂水出焉。有尾山。有翠山。

【注释】

①汔（qì）水：古水名，汔同汽。

②登备之山：登葆山，郭璞注："即登葆山，群巫所从上下者也。"郝懿行注："登葆山见《海外西经》巫咸国。"

③䰠䰠（jiá）：古山名。

④其西有丹：郝懿行注："经内丹类非一，此但名之曰丹，疑即丹雘之省文也。"

【译文】

在大荒之中，有座不姜山，黑水流到这里就到了尽头。又有座贾山，汔水从此山发源。又有座言山。又有座登备山。还有座䰠䰠山。又有座蒲山，澧水从此山发源。又有座隗山，它的西面出产丹雘，它的东面出产玉石。向南又有座山，漂水就发源于此。又有座尾山。还有座翠山。

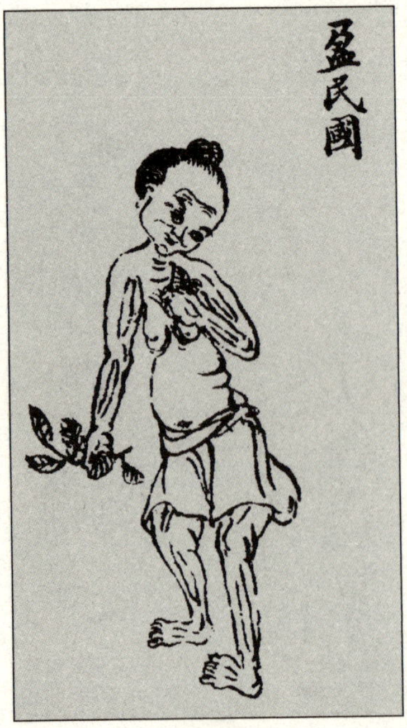

盈民国

有盈民之国，於姓，黍食。又有人方食木叶。

【译文】

有个国家叫盈民国，国民都姓於，吃小米饭。还有人正在吃树叶。

有不死之国，阿姓，甘木是食。

【译文】

有个国家叫不死国，这里的人姓阿，吃的是不死树。

大荒之中，有山名曰去痓。南极果，北不成，去痓果[①]。

【注释】

①南极果，北不成，去痓（zhì）果：这三句的意义不详，据考证可能是巫师流传下来的几句咒语。

【译文】

在大荒当中，有座山名叫去痓山。巫师们留传下几句咒语："南极果，北不成，去痓果。"

南海渚中，有神，人面，珥两青蛇，践两赤蛇，曰不廷胡余。

不廷胡余

【译文】

在南海的岛屿上，有一个神人，长着人的面孔，耳朵上穿挂着两条青色的蛇，脚底下踩着两条红色的蛇，名叫不廷胡余。

有神名曰因因乎——南方曰因乎，来风曰乎民——处南极以出入风。

【译文】

有个神人名叫因因乎，南方人称他为因乎，从南方吹来的风称为乎民，这位神人住在大地的南极，主管风起风停。

有襄山。又有重阴之山。有人食兽，曰季厘。帝俊生季厘，故曰季厘之国。有缗渊[①]。少昊生倍伐，倍伐降处缗渊。有水四方，名曰俊坛。

【注释】

①缗（mín）渊：深渊名。

【译文】

有座襄山。又有座重阴山。有人在吃野兽的肉，名叫季厘。帝俊生了季厘，所以叫作季厘国。有一个缗渊。少昊生了倍伐，倍伐被贬住在缗渊。有一个水池呈四方形，名叫俊坛。

季厘国

有臷民之国[①]。帝舜生无淫，降臷处，是谓巫臷民。巫臷民朌姓[②]，食谷，不绩不经[③]，服也；不稼不穑[④]，食也。爰有歌舞之鸟，鸾鸟自歌，凤鸟自舞。爰有百兽，相群爰处。百谷所聚。

【注释】

①臷（zhí）民之国：国名。

②朌（fén）：这里做姓氏。朌，头大貌。

③绩：捻搓麻线，这里泛指纺织。经：经线，纺织时织物的纵线，这里也是泛指织布一类的行为。

④穑（sè）：收获庄稼。

【译文】

有个臷民国。帝舜生了无淫，无淫被贬在臷这个地方，（他的子孙后代）

就是所谓的巫载民。巫载民姓朌，吃五谷，不从事纺织而有衣服穿，不从事耕种而有粮食吃。这里有能歌善舞的鸟，鸾鸟自由自在地唱歌，凤鸟自由自在地跳舞。这里有各种各样的野兽，群居相处。还是各种谷物汇聚的地方。

大荒之中，有山名曰融天，海水南入焉。

【译文】

在大荒当中，有座山名叫融天山，海水从南面流进此山。

有人曰凿齿，羿杀之。

【译文】

有一个神人叫凿齿，羿射死了他。

有蜮山者[①]，有蜮民之国，桑姓，食黍，射蜮是食。有人方扜弓射黄蛇[②]，名曰蜮人。

【注释】

①蜮（yù）：据说是一种像鳖的动物，能含沙射人的影子，被射中影子的人就会生病。

②扜（yū）：引，张。

【译文】

有座蜮山，附近有个蜮民国，那里的人姓桑，以黄米为食，也以射死的蜮为食。有人正在拉弓射黄蛇，名叫蜮人。

蜮民国

有宋山者，有赤蛇，名曰育蛇。有木生山上，名曰枫木。枫木，蚩尤所弃其桎梏，是为枫木。

【译文】

有座宋山，山上有一种红颜色的蛇，名叫育蛇。山上还有一种树，名叫枫木。枫木，原来是蚩尤死后所丢弃的手铐脚镣，这些手铐脚镣化成了枫木。

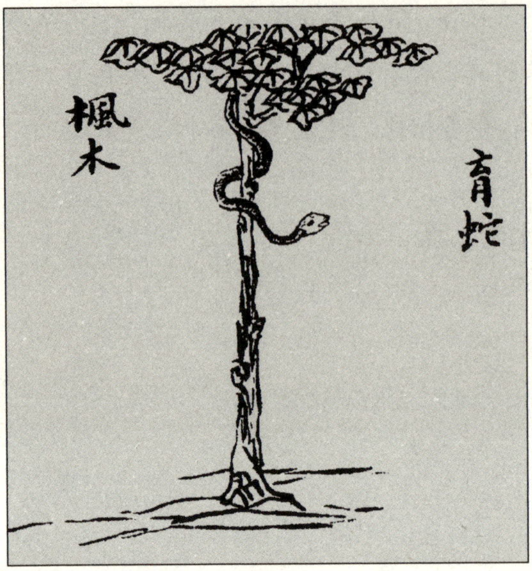

育蛇

有人方齿虎尾，名曰祖状之尸。

【译文】

有个神正咬着老虎的尾巴，这神名叫祖状尸。

祖状之尸

有小人，名曰焦侥之国[①]，幾姓[②]，嘉谷是食。

【注释】

①焦侥之国：矮人国，国民身长三尺。

②幾（jī）：这里指姓氏。

【译文】

有一个由小人组成的国家叫焦侥国，那国的人姓幾，吃的是优等的谷物。

大荒之中，有山名㱉涂之山[①]，青水穷焉[②]。有云雨之山，有木名曰栾。禹攻云雨，有赤石焉生栾，黄本，赤枝，青叶，群帝焉取药。

【注释】

①死（xiǔ）涂：山名。

②青水穷焉：青水出昆仑山，在死涂山流到尽头。

【译文】

在大荒当中，有座山名叫死涂山，青水流到这里就到了尽头。还有座云雨山，山上有一棵树叫做栾。大禹在云雨山砍伐树木，发现一块红色的岩石上长着这棵栾树，茎干是黄色的，枝条是红色的，叶子是青色的，诸帝就在这里采神仙药。

有国曰伯服，颛顼生伯服，食黍。有鼬姓之国[1]。有苕山[2]。又有宗山。又有姓山。又有壑山。又有陈州山。又有东州山。又有白水山，白水出焉，而生白渊，昆吾之师所浴也[3]。

【注释】

①鼬（yòu）：这里指姓氏。

②苕（sháo）山：山名。

③昆吾：传说中的诸侯王。

【译文】

有个国家叫伯服国，颛顼的子孙后代组成伯服国，这里的人以黄米为食。有个鼬姓国。有座苕山。又有座宗山。又有座姓山。又有座壑山。又有座陈州山。又有座东州山。又有座白水山，白水从此山发源，流下来汇聚为白渊，是昆吾的军队洗澡的地方。

张弘国

有人名曰张弘，在海上捕鱼。海中有张弘之国，食鱼，使四鸟。

【译文】

有个人叫张弘，在海上捕鱼。海里有个张弘国，那里的人以鱼为食，能驯化驱使四种野兽。

有人焉，鸟喙，有翼，方捕鱼于海。大荒之中，有人名曰驩头[①]。鲧妻士敬[②]，士敬子曰炎融，生驩头。驩头人面鸟喙，有翼，食海中鱼，杖翼而行[③]。维宜芑苣，穋杨是食[④]。有驩头之国。

【注释】

①驩（huān）头：古代神话里又叫驩头、驩兜、驩朱、丹朱，名称很多，其事迹也众说纷纭。

②鲧（gǔn）：传说是大禹的父亲。

③杖：倚仗。这里“杖”是动词。

④维宜芑（qǐ）苣（jù），穋（qiú）杨是食：芑、苣、穋，都是黑色的谷物。

【译文】

有一种人，长着鸟一样的嘴，生有翅膀，正在海上捕鱼。在大荒当中，有个人名叫驩头。鲧娶士敬为妻，士敬生了个儿子叫炎融，炎融生了驩头。驩头长着人的面孔而嘴巴像鸟嘴，生有翅膀，吃海中的鱼，凭借着翅膀行走。也以芑、苣、穋、杨树叶为食。于是有了驩头国。

帝尧、帝喾、帝舜葬于岳山。爰有文贝、离俞、鸱久、鹰、贾、延维、视肉、熊、罴、虎、豹；朱木，赤枝、青华、玄实。有申山者。

【译文】

帝尧、帝喾、帝舜都埋葬在岳山。这里有文贝、离俞、鸱久、鹰、委蛇、乌鸦、视肉、熊、罴、老虎、豹子等鸟兽；还有朱木树，枝干是红色的，花朵是青色的，果实是黑色的。有座申山。

大荒之中，有山名曰天台，海水南入焉。

【译文】

大荒当中，有座山叫天台山，海水从南边流进这座山。

有盖犹之山者，其上有甘柤，枝干皆赤，黄叶，白华，黑实。东又有甘华，枝干皆赤，黄叶。有青马。有赤马，名曰三骓。有视肉。

【译文】

有座盖犹山，山上有一种甘柤树，枝条和茎干都是红的，叶子是黄的，花朵是白的，果实是黑的。在此山的东面还有一种甘华树，枝条和茎干都是红色的，叶子是黄色的。有青色马。有红色马，名叫三骓。还有视肉怪兽。

有小人，名曰菌人[①]。

【注释】

①菌（jùn）人：一种矮小的人。菌人即前文所见“靖人”。

【译文】

有一种身材矮小的人，名字叫菌人。

有南类之山。爰有遗玉、青马、三骓、视肉、甘华[①]，百谷所在。

【注释】

①骓（zhuī）：毛色青白相间的马。

【译文】

有座南类山，南类山上有遗玉、青马、三骓马、视内、甘华树。这里是百谷繁茂生长的地方。

卷十六　大荒西经

卷十六

大荒西经

【题解】

《大荒西经》的经文很长，内容很多，主要记录了中土大荒以西的山川、氏族、物产、神话。

与《大荒东经》的记载相对应，《大荒西经》也记载了太阳和月亮运行的轨道，方山上有青树，名叫柜格之松，是太阳、月亮下山的地方，和东海的扶桑树对应。帝俊妻常羲生月十二并给月亮洗澡的故事也和《大荒东经》的内容呼应，可见神话也是有系统有逻辑的。

西北海之外，大荒之隅，有山而不合[①]，名曰不周，有两黄兽守之。有水曰寒暑之水，水西有湿山，水东有幕山。有禹攻共工国山。

【注释】

①有山而不合：意思是有座山断裂了合不拢。

【译文】

在西北海之外，大荒的一角落，有座山断裂而合不拢，名叫不周山，有两只黄色的野兽守护着它。那里有一条水流名叫寒暑水。水的西面有座湿山，水的东面有座幕山。还有一座禹攻共工国山。

有国名曰淑士，颛顼之子。

【译文】

有个国家名叫淑士国，那里的人是帝颛顼的子孙后代。

女娲之肠

有神十人，名曰女娲之肠[①]，化为神，处栗广之野，横道而处。

【注释】

①女娲：古神女。传说为人类的始祖。

【译文】

有十位神人，名叫女娲肠，是女娲的肠子变化而成的，居住在称作栗广的原野上；他们拦断道路而居住。

有人名曰石夷——西方曰夷，来风曰韦——处西北隅以司日月之长短。

石夷

【译文】

有位神名叫石夷，从那里吹来的风叫韦，他居住在大地的西北角，掌管太阳和月亮运行时间的长短。

有五采之鸟，有冠，名曰狂鸟。

【译文】

有一种长着五彩羽毛的鸟，头上有冠，名叫狂鸟。

有大泽之长山。有白民之国。

【译文】

有一座大泽长山。有一个白民国。

西北海之外，赤水之东，有长胫之国。

【译文】

在西北海以外，赤水的东边，有个长胫国。

有西周之国，姬姓[①]，食谷。有人方耕，名曰叔均。帝俊生后稷，稷降以百谷[②]。稷之弟曰台玺[③]，生叔均。叔均是代其父及稷播百谷，始作耕。有赤国妻氏。有双山。

【注释】

①姬（jī）：周王朝的姓氏。

②降以百谷：把各种谷物从天界带到人间。

③台玺：人名。

【译文】

有个西周国，那里的人姓姬，以稻谷为食。有个人正在耕田，名叫叔均。帝俊生了后稷，后稷把各种谷物的种子从天上带到人间。后稷的弟弟叫台玺，台玺生了叔均。叔均于是代替父亲和后稷播种各种谷物，开始发明耕田的方法。有个赤国妻氏。有座双山。

西海之外，大荒之中，有方山者，上有青树，名曰柜格之松[①]，日月所出入也。

【注释】

①柜（jǔ）：树名。

【译文】

在西海之外，大荒当中，有座方山，山上有棵青色大树，名叫柜格松，是太阳和月亮出入的地方。

西北海之外，赤水之西，有天民之国，食谷，使四鸟。

北狄之国

【译文】

在西北海之外，赤水的西岸，有个天民国，那里的人以稻谷为食，能驱使四种野兽。

有北狄之国。黄帝之孙曰始均，始均生北狄。

【译文】

有个北狄国。黄帝的孙子叫始均，始均的后代子孙就是北狄国的人。

有芒山。有桂山。有榣山。其上有人，号曰太子长琴。颛顼生老童，老童生祝融，祝融生太子长琴，是处榣山，始作乐风。

【译文】

有座芒山。有座桂山。有座榣山，山上有个人，名叫太子长琴。颛顼生了老童，老童生了祝融，祝融生了太子长琴。于是太子长琴居住在榣山上，开始创作乐曲。

有五采鸟三名：一曰皇鸟，一曰鸾鸟，一曰凤鸟。

【译文】

有种长着五彩羽毛的鸟，它有三个名字：一叫凰鸟，一叫鸾鸟，一叫凤鸟。

有虫状如菟[①]，胸以后者裸不见，青如猨状[②]。

【注释】

①菟：通“兔”，兔子。

②猨（yuán）：同“猿”。

【译文】

有一种野兽的形状像兔子，身上长满毛，胸脯以后看不见裸露的地方，它的皮毛是青色的，就像猿的样子。

十巫

大荒之中，有山名曰丰沮玉门，日月所入。

【译文】

在大荒之中，有座山名叫丰沮玉门山，是太阳和月亮降落的地方。

有灵山，巫咸、巫即、巫肦、巫彭、巫姑、巫真、巫礼、巫抵、巫谢、巫罗十巫[1]，从此升降，百药爰在。

【注释】

①巫肦（fěn）：群巫之一。

【译文】

有座灵山，巫咸、巫即、巫肦、巫彭、巫姑、巫真、巫礼、巫抵、巫谢、巫罗共十巫都来这座山上采药，山中百药俱生。

西有[1]王母之山、壑山、海山。有沃民之国[2]，沃民是处。沃之野，凤鸟之卵是食，甘露是饮。凡其所欲，其味尽存。爰有甘华、甘柤、白柳、视肉、三骓、璇瑰、瑶碧、白木[3]、琅玕、白丹、青丹，多银、铁。鸾鸟自歌，凤鸟自舞，爰有百兽，相群是处，是谓沃之野。

【注释】

①“西有”句，郭璞注：“皆群大灵之山。”“西有”当为“有西”。

②沃民之国，郭璞注：“言其土饶沃也。”

③白木，郭璞注：“树色正白。今南方有文木，亦黑木也。”

【译文】

有西王母山、壑山、海山。有个沃民国，沃民就居住在这里。生活在沃国原野的人，吃的是凤鸟的蛋，喝的是天上降下来的甘露。凡是他们心里想要吃的东西，在自己的国家里都有出产。这里有甘华树、甘柤树、白柳树、视肉兽、三骓马、璇瑰玉石、瑶碧玉石、白木树、琅玕树、白丹、青丹，银、铁也大量出产。鸾鸟自由自在地歌唱，凤鸟自由自在地舞蹈，各种野兽群居共处，因此称作沃野。

有三青鸟，赤首黑目，一名曰大鵹[1]，一名少鵹，一名曰青鸟。

【注释】

①大鵹（lí）：一种青鸟名。

【译文】

有三只青色的神鸟，红色的头，黑色的眼，一只叫大鵹，一只叫少鵹，一只叫青鸟。

有轩辕之台，射者不敢西乡，畏轩辕之台[1]。

【注释】

①轩辕：黄帝之名。

【译文】

有座轩辕台，射箭的人都不敢向西射，因为敬畏轩辕台上黄帝的神灵。

大荒之中，有龙山，日月所入。

【译文】

大荒之中，有座龙山，是太阳和月亮降落的地方。

有三泽水，名曰三淖[①]，昆吾之所食也[②]。

【注释】

①三淖（nào）：水泽名。淖，水泽。

②昆吾：相传是上古时的一个诸侯。

【译文】

有三个水泽汇成一体，名叫三淖，是昆吾族人取得食物的地方。

有人衣青，以袂[①]蔽面，名曰女丑之尸。

【注释】

①袂：衣袖。

【译文】

那里有个尸体，穿着青色的衣服，用袖子挡住自己的面孔。这个就是女丑尸。

有女子之国。

【译文】

有个女子国。

有桃山。有宝山[①]。有桂山。有于土山。

【注释】

①宝（méng）：山名，可能是前文提到过的芒山。

【译文】

有座桃山。有座宝山。有座桂山。又有座于土山。

有丈夫之国。

【译文】

有个丈夫国。

鸣鸟

有弇州之山[①]，五采之鸟仰天，名曰鸣鸟。爰有百乐歌儛之风。

【注释】

①弇（yǎn）州之山：古代传说中的山名。

【译文】

有座弇州山，山上有一种长着五彩羽毛的鸟正仰头向天而鸣，名叫鸣鸟。这里有各种各样的乐曲和歌舞流行。

有轩辕之国。江山之南栖为吉[①]，不寿者乃八百岁。

【注释】

①栖：这里指在山中居住。

【译文】

有个轩辕国。那里的人把居住在江河山岭的南边当作吉利，就算寿命不长的人也活到了八百岁。

弇兹

西海陼中[①]，有神，人面鸟身，珥两青蛇，践两赤蛇，名曰弇兹[②]。

【注释】

①陼（zhǔ）：通"渚"，水中的小块陆地。

②弇（yǎn）兹：传说中的神名。

【译文】

在西海的岛屿上，有一个神人，长着人的面孔、鸟的身子，耳朵上穿挂着两条青色蛇，脚底下踏着两条红色蛇，名叫弇兹。

大荒之中，有山名曰日月山，天枢也[①]。吴姖天门[②]，日月所入。有神，人面无臂，两足反属于头上[③]，名曰嘘。颛顼生老童，老童生重及黎，帝令重献上天[④]，令黎印下地[⑤]，下地是生噎，处于西极，以行日月星辰之行次。

嘘

【注释】

①天枢（shū）：天的枢纽。

②吴姖（jù）天门：天门名。

③反属（zhǔ）：反转着和其他东西相连。

④献：托举。

⑤印：通“抑”，即抑压，向下按。

【译文】

大荒当中，有座山名叫日月山，是天的枢纽。这座山的主峰叫吴姖天门山，是太阳和月亮降落的地方。有一个神人，长着人的面孔而没有臂膀，两只脚反转着连在头上，名叫嘘。帝颛顼生了老童，老童生了重和黎，帝颛顼命令重托着天用力向上举，又命令黎撑着地使劲向下按。黎来到地下并生了噎，他就处在大地的最西端，主管太阳、月亮和星辰运行的先后次序。

有人反臂，名曰天虞。

【译文】

有个人反长着臂膀，名叫天虞。

常羲浴月

有女子方浴月。帝俊妻常羲，生月十二，此始浴之。

【译文】

有个女子正在给月亮洗澡。帝俊的妻子常羲生了十二个月亮，并开始给月亮洗澡。

有玄丹之山。有五色之鸟，人面有发。爰有青鸾、黄鷔[①]，青鸟、黄鸟，其所集者其国亡。

【注释】

① 青鸾（wén）、黄鷔（áo）：传说中的不祥鸟。

【译文】

有座玄丹山。山上有一种长着五彩羽毛的鸟，长着人的面孔而且有头发。这里有青鸾、黄鷔，这种青色的鸟、黄色的鸟，它们在哪个国家聚集栖息，哪个国家就会灭亡。

五色鸟

有池，名孟翼之攻颛顼之池[①]。

【注释】

①孟翼：传说中的人名。

【译文】

有个水池，名叫孟翼攻颛顼池。

大荒之中，有山名曰鏖鏊钜①，日月所入者。

【注释】

①鏖（áo）鏊（ào）钜（jù）：山名。

【译文】

大荒当中，有座山名叫鏖鏊钜山，是太阳和月亮落下的地方。

有兽，左右有首，名曰屏蓬。

【译文】

有只野兽，左边和右边各长着一个头，名叫屏蓬。

有巫山者。有壑山者。有金门之山，有人名曰黄姖之尸。有比翼之鸟。有白鸟，青翼、黄尾、玄喙。有赤犬，名曰天犬，其所下者有兵。

天犬

【译文】

有座巫山。有座壑山。有座金门山，山上有个人名叫黄姖尸。有种比翼鸟。有一种白鸟，长着青色的翅膀，黄色的尾巴，黑色的嘴壳。有一种红颜色的狗，名叫天犬，它降临到哪里，哪里就会发生战争。

人面虎身神

西海之南，流沙之滨，赤水之后，黑水之前，有大山，名曰昆仑之丘。有神——人面虎身，有文有尾，皆白——处之。其下有弱水之渊环之，其外有炎火之山，投物辄然[①]。有人戴胜，虎齿，有豹尾，穴处[②]，名曰西王母。此山万物尽有。

【注释】

①辄（zhé）然：辄，副词。然，同“燃”，燃烧。

②处：居。

【译文】

在西海的南面，流沙的水滨，赤水的后面，黑水的前面，有一座大山，名叫昆仑山。有一个神人，长着人的面孔、老虎的身子，尾巴上有花纹，而且有白色斑点，住在这座昆仑山上。昆仑山下有条弱水汇聚的深渊环绕着它，深渊的外边有座炎火山，一投进东西就燃烧起来。有个人头上戴着玉胜，长着老虎一样的牙齿和豹子一样的尾巴，在洞穴中居住，名叫西王母。这座山上的东西应有尽有。

大荒之中，有山名曰常阳之山，日月所入。

【译文】

大荒当中，有座山名叫常阳山，是太阳和月亮落下的地方。

有寒荒之国。有二人女祭、女薎[①]。

【注释】

①女薎（miè）：人名。

【译文】

有个寒荒国。这里有两个人叫女祭、女薎。

有寿麻之国。南岳娶州山女，名曰女虔。女虔生季格，季格生寿麻。寿麻正立无景[①]，疾呼无响。爰有大暑[②]，不可以往。

寿麻

【注释】

①景（yǐng）：同“影”，影子。

②大暑：指炙热灼人。

【译文】

有个寿麻国。南岳娶了州山的女儿为妻，她的名字叫女虔。女虔生了季格，季格生了寿麻。寿麻即使站在太阳下也没有影子，向四面高声叫喊却听不到一丁点的回声。这里异常炎热，人不可以前往。

有人无首，操戈盾立，名曰夏耕之尸。故成汤伐夏桀于章山[①]，克之，斩耕厥前[②]。耕既立，无首，乇厥咎[③]，乃降于巫山。

夏耕尸

【注释】

①成汤伐夏桀（jié）：成汤就是商汤，是商朝的开国君主。夏桀是夏朝的亡国之君。

②斩耕厥前：厥，其。这里指代夏桀。

③乇（zǒu）厥咎（jiù）：乇，“走”的本字，即逃跑、逃

避。咎，罪责，责任。

【译文】

有个人没有头，手拿一把戈和一面盾牌站着，名叫夏耕尸。从前成汤在章山讨伐夏桀，打败了夏桀，还斩夏耕尸的头。夏耕尸站立起来后，没有了头，为逃避罪咎，于是逃到了巫山。

有人名曰吴回①，奇左②，是无右臂。

【注释】

①吴回：传说中司火之神。

②奇（jī）：单数。这里指两只胳臂只剩下一只。

【译文】

有个人名叫吴回，只有一只左胳膊，没有右胳膊。

有盖山之国。有树，赤皮支干，青叶，名曰朱木。

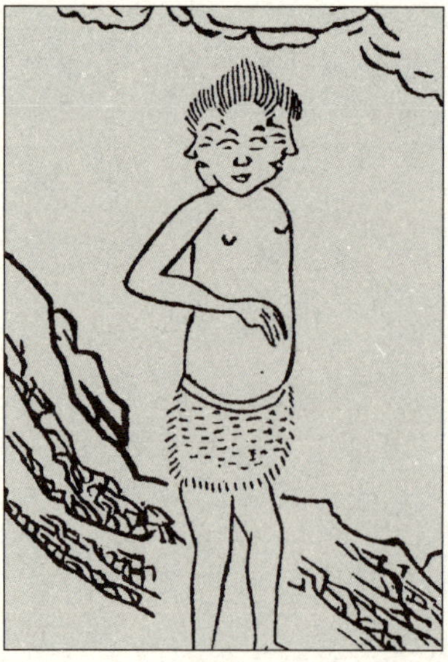

三面人

【译文】

有个盖山国。盖山国有一种树，树皮和枝干都是红色的，叶子是青色的，名叫朱木。

有一臂民。

【译文】

有只长了一条胳膊的一臂民。

大荒之中，有山名曰大荒之山，日月所入。有人焉三面，是颛顼之子，三面一臂，三面之人不死，是谓大荒之野。

【译文】

大荒当中，有一座山，名叫大荒山，是太阳和月亮降落的地方。这里有一种人，头上长着三张面孔，是颛顼的子孙后代，三张面孔一只胳膊，这种三张面孔的人永远不会死。这里就是所谓的大荒野。

夏后开

西南海之外，赤水之南，流沙之西，有人珥两青蛇，乘两龙，名曰夏后开[①]。开上三嫔于天[②]，得《九辩》与《九歌》以下。此天穆之野，高二千仞，开焉得始歌《九招》。

【注释】

①夏后开：就是夏启，大禹的儿子。此处是汉朝人避汉景帝刘启的名讳，改“启”为“开”。

②嫔：通“宾”。宾天，就是到天帝那里做客。

【译文】

在西南海之外，赤水的南岸，流沙的西边，有个人耳朵上穿挂着两条青色蛇，乘着两条龙，名叫夏后开。夏后开曾三次到天帝那里做客，得到天帝的乐曲《九辩》和《九歌》而下到人间。这里就是所谓的天穆野，高二千仞，夏后开在此开始演奏乐曲《九招》。

有互人之国。炎帝之孙名曰灵恝[①]，灵恝生互人，是能上下于天。

【注释】

①灵恝（jiá）：传说中的神名。

【译文】

有个互人国。炎帝的孙子名叫灵恝，灵恝的后代是互人，互人国的人都能乘云驾雾。

有鱼偏枯，名曰鱼妇，颛顼死即复苏[①]。风道北来，天乃大水泉，蛇乃化为鱼，是为鱼妇。颛顼死即复苏。

【注释】

①颛顼死即复苏：是指颛顼把生命寄托在鱼的身体里，借着鱼蛇爽化的机会复活。

【译文】

有一条干枯的鱼，名叫鱼妇，是帝颛顼死后变成的。风从北方吹来，天于是涌出大水如泉，蛇于是变化成为鱼，这便是所谓的鱼妇。它是颛顼死后的化身。

有青鸟，身黄，赤足，六首，名曰𪄻鸟[①]。

【注释】

①𪄻（chù）鸟：鸟名。

【译文】

有一种青鸟，身子是黄色的，脚是红色的，长有六个头，名叫𪄻鸟。

有大巫山。有金之山。西南，大荒之隅，有偏句、常羊之山。

【译文】

有两座大山。大巫山和金之山。在这两座山的西南，在大荒的一个角落，有偏句山、常羊山。

卷十七　大荒北经

卷十七

大荒北经

【题解】

《大荒北经》首先从东北海外的附禺山开始，那里是颛顼的葬身之地。这从侧面呼应了《大荒东经》记载的颛顼是少昊在东海之外抚养长大的这样一个事实。附禺山的物产几乎和昆仑一样富饶。这也说明颛顼在神话传说中的重要地位。

《大荒北经》最重要的内容是黄帝和蚩尤的涿鹿之战。这是炎黄神话中极为重要的一个。神话里女魃的形象比较生动，还通过应龙不能上天的神话解释了一些地区多雨的原因，这是古人对自然现象的独特认识。夸父逐日的神话也是《大荒北经》中记载的重要神话，体现了先民和自然搏斗的精神。

《大荒北经》之中仍然有很多与民族血统有关的记载。比如叔歇国是颛顼后代，犬戎是黄帝的后代，等等。

东北海之外，大荒之中，河水之间，附禺之山[①]，帝颛顼与九嫔葬焉。爰有鸱久、文贝、离俞、鸾鸟、凤鸟、大物、小物。有青鸟、琅鸟、玄鸟、黄鸟、虎、豹、熊、罴、黄蛇、视肉、璿、瑰、瑶、碧，皆出卫于山[②]。丘方员三百里，丘南帝俊竹林在焉，大可为舟。竹南有赤泽水[③]，名曰封[④]渊，有三桑无枝[⑤]，皆高百仞。丘西有沉渊[⑥]，颛顼所浴。

【注释】

①附禺之山：郝懿行注："《海外北经》作务隅，《海内东经》又作附禺，皆一山也。"

②皆出卫于山：应作"皆出于山。""卫"字与下文"丘"连属为"卫丘"。

③赤泽水：郭璞注："水色赤也。"

④封：大。

⑤三桑无枝：已见《北次二经》、《海外北经》。郭璞注："皆高百仞。"

⑥沉渊：深渊。

【译文】

在东北海以外，大荒之中，黄河流过的地方，有座附禺山，颛顼帝与他的九个妃嫔就葬在这座山。这里有鸱鹰、花斑贝、离朱鸟、鸾鸟、凤鸟，以及颛顼帝的各种陪葬之物。青鸟、琅鸟、燕子、黄鸟、老虎、豹、熊、罴、黄蛇、视肉兽、璿瑰玉、瑶碧玉也都出产于这座山。卫丘方圆三百里，丘南面有帝俊的竹林，那里的竹子大得可以做船。竹林南面有个红色深潭，名叫封渊。有三棵没有枝杈的桑树，都有百仞之高。卫丘西面有个深渊，是颛顼帝沐浴的地方。

有胡不与之国，烈姓，黍食。

【译文】

有个胡不与国，这里的人姓烈，以黄米为食。

大荒之中，有山，名曰不咸。有肃慎氏之国。有蜚蛭[①]，四翼。有虫，兽首蛇身，名曰琴虫。

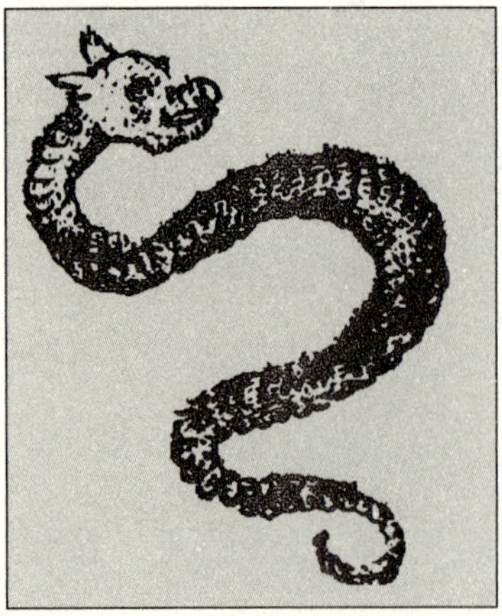

琴虫

【注释】

①蜚蛭（fěi zhì）：大概是一种能飞的虫子。蜚，通"飞"。蛭是节肢动物的总称，比如水蛭、鱼蛭、山蛭等。

【译文】

大荒之中，有座山名叫不咸山。有个肃慎氏国。有一种能飞的蛭，长着四只翅膀。有一种蛇，是野兽的脑袋蛇的身子，名叫琴虫。

有人名曰大人。有大人之国，釐姓[1]，黍食。有大青蛇，黄头，食麈。

【注释】

①釐（xī）：姓。

【译文】

那里还有个国家，名叫大人国。因这个国家的人身材特别高大，人们称他们叫大人。这些大人都姓釐，以黍为主食。大人国里有种青色的巨蛇，脑袋是黄色的，以吃大鹿为生。

有榆山。有鲧攻程州之山[1]。

【注释】

①程州：古国名。

【译文】

有座榆山。还有座鲧攻程州山。

大荒之中，有山名曰衡天。有先民之山。有槃木千里[1]。

【注释】

①槃（pán）：同“盘”，盘旋扭曲。

【译文】

大荒当中，有座山名叫衡天。还有座先民山。有一棵盘旋弯曲的大树，占地面积多达千里。

有叔歜国[1]，颛顼之子，黍食，使四鸟：虎、豹、熊、罴。有黑虫如熊状，名曰猎猎。

猎猎

【注释】

①叔歜（chù）国：古国名。

【译文】

有个叔歜国，那里的人都是颛顼的子孙后代，以黄米为食，他们能驱使四种野兽：老虎、豹子、熊和罴。有种样子像熊的黑虫，名叫猎猎。

有北齐之国[①]，姜姓，使虎、豹、熊、罴。

【注释】

①北齐之国：疑即西周春秋时的齐国。武王封灭纣功臣姜尚于此，是为姜齐之始祖。

【译文】

有个北齐国，这国的人姓姜，能驯化驱使虎、豹、熊和罴。

大荒之中，有山名曰先槛大逢之山，河济所入，海北注焉。其西有山，名曰禹所积石。

【译文】

大荒当中，有座山名叫先槛大逢山，是黄河和济水流入的地方，海水从北面注入这里。它的西边有座山，名叫禹所积石山。

有阳山者。有顺山者，顺水出焉。有始州之国，有丹山。

【译文】

有座阳山。有座顺山，顺水就从顺山发源。有个始州国，始州国里有座丹山。

有大泽方千里，群鸟所解[①]。

【注释】

①解：这里指鸟更换羽毛。

【译文】

有一个大沼泽方圆千里，是各种禽鸟脱去旧毛换生新毛的地方。

有毛民之国，依姓，食黍，使四鸟。禹生均国，均国生役采，役采生修鞈[①]，修鞈杀绰人。帝念之，潜为之国，是此毛民。

【注释】

①修鞈（gé）：人名。

【译文】

有个毛民国，那里的人姓依，以黄米为食，能驱使四种野兽。大禹生了均国，均国生了役采，役采生了修鞈，修鞈杀了绰人。大禹同情绰人，暗地里帮绰人的子孙建成国家，就是这个毛民国。

有儋耳之国[①]，任姓，禺号子，食谷。北海之渚中，有神，人面鸟身，珥两青蛇，践两赤蛇，名曰禺强。

儋耳国

【注释】

①儋（dān）耳之国：国名，人姓。

【译文】

有个儋耳国，那里的人姓任，是神人禺号的子孙后代，以谷为食。在北海的岛屿中，有一个神人，人面鸟身，耳朵上穿挂着两条青蛇，脚底下踩着两条红蛇，名叫禺强。

大荒之中，有山名曰北极天柜，海水北注焉。有神，九首人面鸟身，名曰九凤。又有神，衔蛇操蛇[①]，

强良

其状虎首人身，四蹄长肘，名曰强良。

【注释】

①衔：嘴里叼着，衔着。

【译文】

大荒当中，有座山名叫北极天柜山，海水从北面流入这里。有一个神人，长着九个脑袋，人面鸟身，名叫九凤。还有一个神人，嘴里衔着蛇，手里拿着蛇，他的形貌是虎头人身，有四只蹄子，臂肘很长，名叫强良。

大荒之中，有山名曰成都载天。有人珥两黄蛇，把两黄蛇，名曰夸父。后土生信，信生夸父。夸父不量力，欲追日景[①]，逮之于禺谷[②]。将饮河而不足也，将走大泽，未至，死于此。应龙已杀蚩尤，又杀夸父，乃去南方处之，故南方多雨。

【注释】

①景：同“影”，影子。

②逮之于禺谷：逮，追上，赶上。禺谷，地名。

【译文】

大荒当中，有座山名叫成都载天山。有一个人的耳上穿挂着两条黄蛇，手里拿着两条黄蛇，名叫夸父。后土生了信，信生了夸父。夸父不自量力，想要追赶太阳的光影，一直追到禺谷。夸父想喝黄河水解渴，却不够喝，又准备跑到北方去喝大泽的水，还没有走到，就渴死在这里了。应龙杀了蚩尤以后，又杀了夸父，因神力耗尽上不了天，就去南方居住，所以南方的雨水很多。

又有无肠之国，是任姓，无继子[①]，食鱼。

【注释】

①无继子：无继就是前文提到过的无启国。无肠国人是无启国人的后代。

【译文】

又有个无肠国，这国的人姓任。他们是无启国人的后代，吃鱼类。

共工之臣名曰相繇[①]，九首蛇身，自环，食于九土[②]。其所歍所尼[③]，即为源泽，不辛乃苦，百兽莫能处。禹湮洪水，杀相繇，其血腥臭，不可生谷，其地多水，不可居也。禹湮之，三仞三沮[④]，乃以为池，群帝因是以为台[⑤]。在昆仑之北[⑥]。

【注释】

①相繇：郭璞注："相柳也，语声转耳。"

②九土：郝懿行注："《海外北经》作九山。"

③所歍（wū）所尼：歍，呕吐。尼，停、止。

④三仞三沮：仞通"忍"，意为忍受、堵住。沮，郭璞注："言禹以土塞之，地陷坏也。"

⑤群帝因是以为台：郭璞注："地下宜积土，故众帝因来此共作台。"此台即《海内北经》中之帝尧、帝喾台等。

⑥昆仑之北：《海内北经》："台四方，在昆仑东北。"

【译文】

共工有一位臣子名叫相繇，长了九个头，身形似蛇，盘绕成一团，在九座山上吃东西。他喷吐停留过的地方，立即变为大泽，气味不是辛辣就是苦，百兽中没有能居住在这里的。大禹堵塞洪水，杀死了相繇，相繇的血又腥又臭，以致那里谷物不能生长；那个地方又水很多，无法居住。大禹填塞它，屡次填塞，屡次塌陷，于是把它挖成大池子，诸帝就用挖出来的泥土建造了几座高台。诸帝台位于昆仑山的北面。

有岳之山，寻竹生焉[①]。

【注释】

①寻竹：就是大竹。寻，长。

【译文】

有座岳山，寻竹就生长在这座山上。

大荒之中，有山名曰不句，海水北入焉。

【译文】

大荒当中，有座山叫不句山，海水从北面灌注到山中。

黄帝女魃

有系昆之山者，有共工之台，射者不敢北乡。有人衣青衣，名曰黄帝女魃[①]。蚩尤作兵伐黄帝[②]，黄帝乃令应龙攻之冀州之野。应龙畜水，蚩尤请风伯雨师，纵大风雨。黄帝乃下天女曰魃，雨止，遂杀蚩尤。魃不得复上，所居不雨。叔均言之帝，后置之赤水之北。叔均乃为田祖[③]。魃时亡之[④]。所欲逐之者，令曰："神北行！"先除水道，决通沟渎[⑤]。

【注释】

①女魃（bá）：传说中的秃头女神，她所到的地方就会大旱。

②兵：兵器，兵刃。

③田祖：主管田地农耕的神。

④时亡之：指女魃被人们所厌弃，经常四处逃亡。亡，逃亡。

⑤渎（dú）：沟渠。

【译文】

有座系昆山，上面有共工台，射箭的人不敢向北方拉弓射箭。有一个人穿着青色衣服，名叫黄帝女魃。蚩尤制造兵器攻击黄帝，黄帝于是派应龙到冀州的原野去攻打蚩尤。应龙积蓄了很多水，蚩尤请来风伯和雨师，大兴风雨。黄帝就派名叫魃的天女助战，雨被止住，于是杀死蚩尤。女魃因神力耗尽无法再回到天上，她居住的地方不下雨。叔均将此事报告给黄帝，后来黄帝就将女魃安置在赤水的北边。叔均于是做了田神。女魃常常逃亡，那些想要驱逐她的人便祷告说："神啊请向北去吧！"并且事先清除水道，疏通沟渠。

有人方食鱼，名曰深目民之国，昐姓[①]，食鱼。

【注释】

①昐（fēn）：传说中的姓。

【译文】

有人正在吃鱼，这个国叫深目民国，国人姓昐，吃鱼类。

有钟山者。有女子衣青衣，名曰赤水女子魃。

【译文】

有座钟山。有个穿青色衣服的女子，名叫赤水女魃。

赤水女子魃

大荒之中。有山名曰融父山，顺水入焉。有人名曰犬戎[①]。黄帝生苗龙，苗龙生融吾，融吾生弄明，弄明生白犬，白犬有牝牡，是为犬戎，肉食。有赤兽，马状无首，名曰戎宣王尸。

【注释】

①犬戎：古神话传说中的人种。

【译文】

大荒中有座山，名叫融父山。这座山是顺水的尽头。山上有个人名叫犬戎，是黄帝的后人。黄帝生了苗龙，苗龙生了融吾，融吾生了弄明，弄明生了白犬。白犬兼具雄雌两性，自相交配而生下了犬戎。犬戎主食是肉。这座山上还有一头红色的野兽，身形似马，但没长脑袋，名叫戎宣王尸。

有山名曰齐州之山、君山、䰼山[①]、鲜野山、鱼山。

【注释】

①䰼（qiǎn）山：山名。

【译文】

那里还有齐州山、君山、䰼山、鲜野山、鱼山。

有人一目，当面中生。一曰是威姓，少昊之子，食黍。

少昊之子

【译文】

那里有个人，只有一只眼睛，还长在脸正中间。也有说这个人姓威，是少昊的儿子，以黍为主食。

有无继民，无继民任姓，无骨子[①]，食气、鱼。

【注释】

①无骨：人无骨，这是指一个部族。

【译文】

那里还有一群继无民国的人，他们姓

任，是无骨国的后人，以食空气和鱼为生。

西北海外，流沙之东，有国名曰中辐[1]，颛顼之子，食黍。

【注释】

①中辐（biǎn）：古国名。

【译文】

在西北方的海外，流沙的东面，有个国家叫中辐国，这国的人是颛顼的后代，吃黄米。

有国名曰赖丘。有犬戎国。有人，人面兽身，名曰犬戎。

【译文】

有个国家叫赖丘国。还有个犬戎国。有种人长着人的面孔野兽的身子，名叫犬戎。

西北海外，黑水之北，有人有翼，名曰苗民[1]。颛顼生驩头，驩头生苗民，苗民釐姓，食肉。有山名曰章山。

苗民

【注释】

①苗民：郭璞注："三苗之民。"

【译文】

在西北方的海外，黑水的北岸，有一种人长着翅膀，名叫苗民。颛顼生了驩头，驩头生了苗民，苗民人姓釐，吃的是肉类食物。还有一座山名叫章山。

大荒之中，有衡石山、九阴山、灰野之山，上有赤树，青叶，赤华，名曰若木。

【译文】

大荒当中，有衡石山、九阴山、灰野山，山上有种红色的树木，这树有青色的叶子和红色的花朵，名叫若木。

有牛黎之国。有人无骨，儋耳之子。

【译文】

有个牛黎国。这里的人身上没有骨头，是儋耳国人的子孙后代。

西北海之外，赤水之北，有章尾山。有神，人面蛇身而赤，身长千里，直目正乘[①]，其瞑乃晦，其视乃明，不食，不寝，不息，风雨是谒[②]。是烛九阴[③]，是谓烛龙。

【注释】

①直目正乘：直目，眼睛是立起来的。乘，同“朕”，缝隙。

②谒：同“噎”，吞食、吞咽。

③烛九阴：烛，照亮。九阴，极为阴暗的地方，九是表示程度的副词。

【译文】

在西北海之外，赤水的北岸，有座章尾山。山上有个神，长着人的面孔蛇的身子，身子有千里那么长，全身红色，它双眼眯成一条缝，他闭上眼睛天下就是黑夜、睁开眼睛天下就是白昼，不吃饭不睡觉不休息，只以风雨为食物。他能照耀一切阴暗的地方，所以称作烛龙。

烛龙

卷十八　海内经

卷十八

海内经

【题解】

《海内经》的记载比较杂乱，海内各个方位的地理、物产、部族都有所涉及。

《海内经》开篇就把朝鲜和天毒并列，恐怕就是因为记叙的位置过于随便所导致的。在叙述过程中，跳跃性很强，在叙述完东海之内的朝鲜之后。马上就跳到了西海的壑市，之后又转移到流沙周围的国家。

《海内经》还记载了南方的地理风物和山川河流。记载的顺序大致由西至东。前面提到过的巴、赣巨人、流黄辛氏国等都再次出现。之后又跳到北方，前文没有的幽都之山、钉灵国在这里也有记录。

最值得一说的是《海内经》中出现了一些关于中华文明起源的神话传说。比如帝俊生晏龙，晏龙发明琴瑟。帝俊有子八人，创制歌舞。车、弓箭的发明等。这是关于中华文明发源的浪漫传说。

东海之内，北海之隅，有国名曰朝鲜、天毒[①]，其人水居[②]，偎人爱人[③]。

【注释】

①天毒：据古人所说就是天竺国，即现代的印度。印度和朝鲜并不相邻，可能是错简所致。

②水居：在水边居住。

③偎：爱。

【译文】

在东海之内，北海的一个角落，有个国家名叫朝鲜。还有一个国家叫天毒，天毒国的人傍水而居，慈爱待人，从不杀生。

西海之内，流沙之中，有国名曰壑市。

【译文】

在西海之内，流沙的中央，有个国家名叫壑市。

西海之内，流沙之西，有国名曰氾叶。

【译文】

在西海以内，流沙以西，有个国家名叫氾叶国。

流沙之西，有鸟山者，三水出焉。爰有黄金、璿瑰、丹货、银铁[①]，皆流于此中。又有淮山，好水出焉。

【注释】

①璿（xuán）瑰：次于玉的美石。丹货：具体所指不详，疑为朱砂、铁矿、硫黄一类矿物质。

【译文】

流沙的西边，有座山叫鸟山，三条河流共同发源于此山。这里所有的黄金、璿瑰、丹货、银铁，全都产于这些水中。还有座山叫淮山，好水就发源于此山。

流沙之东，黑水之西，有朝云之国、司彘之国。黄帝妻雷祖[①]，生昌意，昌意降处若水，生韩流。韩流擢首、谨耳、人面、豕喙、麟身、渠股、豚止[②]，取淖子曰阿女，生帝颛顼。

【注释】

①雷祖：又作“嫘祖”。

②擢（zhuó）首：这里指物体因牵拉变形的样子。引申为长。擢，拔。渠股：两条腿长在一起。渠，通“骈”，并生。豚（tún）止：豚，幼猪。止，

同“趾”，这里指猪蹄。

韩流

【译文】

在流沙的东边，黑水的西岸，有朝云国、司彘国。黄帝娶雷祖为妻，生下昌意。昌意自天上被贬到若水居住，生下韩流。韩流长着长脑袋、小耳朵、人的面孔、猪的嘴巴、麒麟的身子、胼脚、猪的蹄子。韩流娶淖子族中一个叫阿女的女子为妻，生下帝颛顼。

流沙之东，黑水之间，有山名不死之山。

【译文】

在流沙的东面，黑水流过的地方，有座山叫不死山。

柏子高

华山青水之东，有山名曰肇山。有人名曰柏子高，柏子高上下于此，至于天。

【译文】

在华山、青水的东边，有座山名叫肇山。山上有个仙人名叫柏高，柏高在这里上上下下，直至登天。

西南黑水之间，有都广之野，后稷葬焉。其城方三百里，盖天地之中，素女所出也。爰有膏菽、膏稻、膏黍、膏稷[①]，百谷自生，冬夏播琴[②]。鸾鸟自歌，凤鸟自舞，灵寿实华[③]，草木所聚。爰有百兽，相群爰处[④]。此草也，冬夏不死。

【注释】

①菽（shū）：豆类的总称。

②播琴：播种。

③灵寿实华：灵寿就是上文所说的椐树。实，结果子。华，开花。

④相群爰处：在这里聚集。

【译文】

在西南方黑水流经的地方，有片地方叫都广野，后稷就埋葬在这里。这里出产膏菽、膏稻、膏黍、膏稷，各种谷物自然成长，无论冬夏都可以播种。鸾鸟自由自在地歌唱，凤鸟自由自在地跳舞，灵寿树开花结果，各种草木茂盛。这里还有各种野兽，群居相处。在这里生长的草，无论寒冬炎夏都不会枯死。

南海之内，黑水青水之间，有木名曰若木，若水出焉。

【译文】

在南海以内，黑水青水流过的地方，有种树木名叫若木，若水就从若木的产地发源。

有禺中之国。有列襄之国。有灵山，有赤蛇在木上，名曰蝡蛇[①]，木食。

【注释】

①蝡（rú）蛇：一种赤色的蛇。

【译文】

有个禺中国。有个列襄国。有一座灵山，山中的树上有一种红色的蛇，叫蝡蛇，以树为食。

有盐长之国。有人焉鸟首，名曰鸟氏。

【译文】

有个盐长国。这里的人长着鸟一样的脑袋，叫作鸟民。

鸟氏

有九丘，以水络[1]之：名曰陶唐[2]之丘、叔得之丘、孟盈之丘、昆吾之丘、黑白之丘、赤望之丘、参卫之丘、武夫之丘、神民之丘。有木，青叶紫茎，玄华黄实，名曰建木，百仞无枝，上有九欘，下有九枸[3]，其实如麻，其叶如芒。大皞[4]爰过，黄帝所为。

【注释】

①络：缠绕，围绕。

②陶唐：古帝名。即唐尧。帝喾之子，姓伊祁，名放勋。初封于陶，后徙于唐。

③枸：盘错的树根。

④大皞：又作“太皞”、太昊，传说中的上古帝王，即伏羲氏，古代传说中的三皇之一。风姓。相传其始画八卦，传说他和女娲氏兄妹相婚而产生人类。他教民结网，从事渔猎畜牧。

【译文】

有九座山丘，山丘与山丘之间都是水。这九座山分别是陶唐丘、叔得丘、孟盈丘、昆吾丘、黑白丘、赤望丘、参卫丘、武夫丘、神民丘。丘上有一种树，叶子是青色的，树干是紫色的，开出的花是黑色的，结的果实是黄色的，名叫建木，这种树很高，树干百尺之内都没长树枝，只在树顶端长着九曲回肠般的枝丫，而在树底端长着九曲回肠般的盘根。这种树结出的果实就像麻子，长出的树叶就像芒草。当初太皞就是从这里上天的。相传这棵树是黄帝种植的。

有窫窳[①]，龙首，是食人。有青兽，人面，名曰猩猩。

【注释】

①窫窳（yà yǔ）：古代传说中的一种吃人怪兽。

【译文】

有一种兽，名叫窫窳，长着龙首，是吃人兽。还有一种青色的野兽，面孔似人，名叫猩猩。

西南有巴国。大皞生咸鸟，咸鸟生乘厘，乘厘生后照，后照是始为巴人。

【译文】

西南边有个巴国。大皞生了咸鸟，咸鸟生了乘厘，乘厘生了后照，后照就是巴国人的祖先。

有国名曰流黄辛氏，其域中方三百里，其出是麈[①]。有巴遂山，渑水出焉[②]。

【注释】

①麈（zhǔ）：鹿类，也名驼鹿，俗称四不像。

②渑（shéng）水：古水名。又作“绳水”。

黑蛇

【译文】

有个国家名叫流黄辛氏国，它的疆域方圆三百里，这里出产一种大鹿。还有一座巴遂山，渑水从这座山流出。

又有朱卷之国。有黑蛇，青首，食象。

【译文】

又有个朱卷国。这里有一种黑色的大蛇，这蛇长着青色的脑袋，能吞吃大象。

南方有赣巨人[①]，人面长唇，黑身有毛，反踵，见人则笑，唇蔽其面，因可逃也。

【注释】

①赣（gǎn）巨人：传说中的怪人。

【译文】

南方有一种赣巨人，长着人的面孔而嘴唇长长的，黑黑的身上长满了毛，脚尖朝后而脚跟朝前反长着，看见人就发笑，嘴唇能遮住他的脸面，人就趁此立即逃走。

黑人

又有黑人，虎首鸟足，两手持蛇，方啖之[①]。

【注释】

①啖（dàn）：吃，嚼。

【译文】

还有一种黑人，长着老虎的脑袋，禽鸟的爪子，两只手握着蛇，正要吞食它们。

有嬴民[①]，鸟足。有封豕。

【注释】

①嬴（yíng）：古代姓氏。

嬴民

【译文】

有一种人叫嬴民，那里的人脚像鸟足一样，还有一种名叫封豕的野猪。

有人曰苗民。有神焉，人首蛇身，长如辕，左右有首，衣紫衣，冠旃冠[①]，名曰延维，人主得而飨食之[②]，伯天下[③]。

【注释】

①旃（zhān）：红色的曲柄旗，一种仪仗。这里指红色。

②飨（xiǎng）：祭祀时向神祭献。

③伯（bà）：霸，诸侯的主宰。

【译文】

有种人叫苗民。苗民国中有个神，头部像人，身形像蛇，身子如车辕，左右各有一个头，喜欢穿紫色衣服，戴红色帽子，名叫延维，君主得到它并供奉它，便可以称霸天下。

有鸾鸟自歌，凤鸟自舞。凤鸟首文曰“德”，翼文曰“顺”，膺文曰“仁”，背文曰“义”，见则天下和[①]。

【注释】

①见：同“现”，出现。

【译文】

有鸾鸟自由自在地歌唱，有凤鸟自由自在地跳舞。凤鸟头上的花纹是“德”字，翅膀上的花纹是“顺”字，胸脯上的花纹是“仁”字，后背上的花纹是“义”字，它一出现天下就会和平。

又有青兽如菟，名曰菌狗[①]。有翠鸟。有孔鸟[②]。

【注释】

①菌(jùn)："菌"的古字。

②孔鸟：可能是孔雀。

【译文】

又有一种青兽，长得像兔子，名叫菌狗。有翡翠鸟。有孔雀鸟。

孔鸟

南海之内，有衡山，有菌山，有桂山。有山名三天子之都。

【译文】

在南海以内，有座衡山，有座菌山，有座桂山。还有座山叫三天子都山。

南方苍梧之丘，苍梧之渊，其中有九嶷山[①]，舜之所葬。在长沙零陵界中。

【注释】

①九嶷(yí)山：山名，传说中帝舜的葬地。在今湖南宁远县南。

【译文】

南方有苍梧丘、苍梧渊，在苍梧丘和苍梧渊之间有座九嶷山，帝舜就埋葬在这里。九嶷山在长沙零陵境内。

北海之内，有蛇山者，蛇水出焉，东入于海。有五采之鸟，飞蔽一乡，名曰翳鸟[①]。又有不距之山，巧倕葬其西[②]。

翳鸟

【注释】

①翳(yì)鸟：凤凰。

②巧倕（chuí）：也作“巧垂”，传说是尧时的巧匠。

【译文】

在北海以内，有座蛇山，蛇水从蛇山发源，向东流入大海。有一种长着五彩羽毛的鸟，成群地飞起可以遮蔽一乡的上空，名叫翳鸟。还有座不距山，巧倕就埋葬在不距山的西边。

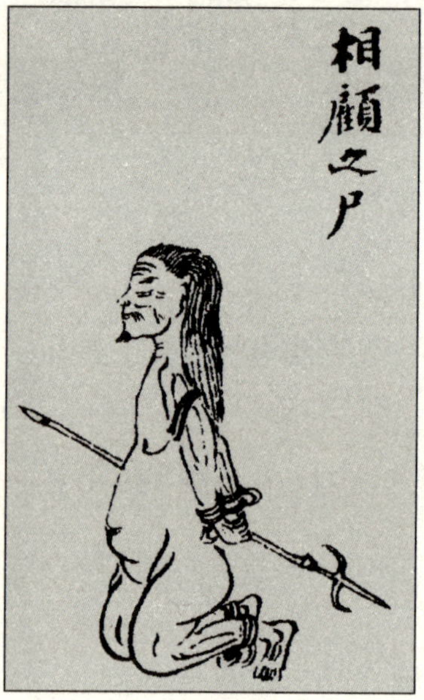

相顾之尸

北海之内，有反缚盗械、带戈常倍之佐[1]，名曰相顾之尸。

【注释】

①常倍之佐：倍，通“背”，背叛。佐，一类人。

【译文】

在北海之内，有个人被反绑双手，身戴刑具，身上还佩带一把戈，他的名字叫相顾尸。

伯夷父生西岳，西岳生先龙，先龙是始生氐羌，氐羌乞姓。

【译文】

伯夷父的后代叫西岳，西岳生了先龙，先龙的后代子孙便是氐羌，氐羌人姓乞。

北海之内，有山，名曰幽都之山，黑水出焉。其上有玄鸟、玄蛇、玄豹、玄虎、玄狐蓬尾[1]。有大玄之山。有玄丘之民。有大幽之国。有赤胫之民[2]。

【注释】

①蓬尾：尾巴上的毛发蓬松。

②赤胫之民：胫，小腿。赤胫之民就是膝盖以下为红色的一种人。

玄豹　　玄虎　　玄狐

【译文】

北海以内，有一座山，名叫幽都山，黑水发源于此。山上有黑色的鸟、黑色的蛇、黑色的豹、黑色的虎、黑色的大尾巴狐狸。有座大玄山，山上有玄丘民。有个大幽国，国中有赤胫民。

有钉灵之国，其民从厀以下有毛[①]，马蹄善走[②]。

【注释】

①厀（xī）：同“膝”，膝盖。

②马蹄善走：马蹄，长着马一样的蹄子。走，奔跑。

【译文】

有个钉灵国，那里的人从膝盖以下的腿上长着毛，有马一样的蹄子善于快跑。

炎帝之孙伯陵，伯陵同吴权之妻阿女缘妇[①]，缘妇孕三年，是生鼓、延、殳[②]。殳始为侯，鼓、延是始为钟，为乐风。

【注释】

①同：即“通”，私通。

②殳（shū）：人名。

【译文】

炎帝的孙子叫伯陵，伯陵和吴权的妻子阿女缘妇私通，阿女缘妇怀孕三年，才生下鼓、延、殳。殳最初发明了箭靶，鼓、延发明了钟，创作了乐曲和音律。

黄帝生骆明，骆明生白马，白马是为鲧。

【译文】

黄帝生了骆明，骆明生了白马，白马就是鲧。

帝俊生禺号，禺号生淫梁，淫梁生番禺，是始为舟。番禺生奚仲，奚仲生吉光，吉光是始以木为车。

【译文】

帝俊生了禺号，禺号生了淫梁，淫梁生了番禺。番禺最初发明了船。番禺生了奚仲，奚仲生了吉光。吉光最初用木头制作出了车子。

少皞生般[①]，般是始为弓矢。

【注释】

①少皞：少皞号称金天氏，传说中上古的帝王。

【译文】

少皞生了般，般发明了弓箭。

帝俊赐羿彤弓素矰[①]，以扶下国[②]，羿是始去恤下地之百艰[③]。

【注释】

①彤（tóng）弓素矰（zēng）：彤，红色。素，白色。矰，一种用白色羽毛装饰并系着丝绳的箭。彤弓素矰都是礼器。

②扶：扶助。

③恤（xù）下地之百艰：恤，体恤，救济。下地，人间，人世。百艰，各种艰难。

【译文】

帝俊赐给后羿红色弓和白色矰箭，让他扶助下界各国，后羿便开始去救济世人，帮他们克服各种艰苦。

帝俊生晏龙，晏龙是为琴瑟。

【译文】

帝俊生了晏龙，发明了琴瑟这两种乐器。

帝俊有子八人，是始为歌舞。

【译文】

帝俊有八个儿子，他们创制了歌曲和舞蹈。

帝俊生三身，三身生义均，义均是始为巧倕，是始作下民百巧。后稷是播百谷。稷之孙曰叔均，是始作牛耕。大比赤阴[①]，是始为国。禹、鲧是始布土[②]，均定九州。

【注释】

①大比赤阴：比，疑为“妣”。妣就是母亲。而“赤阴”的古音与“姜嫄”相近，而据古史传说，姜嫄是后稷的母亲，这可与上下文相合。大妣应该是对女性始祖的敬称。

②布：施，敷。

【译文】

帝俊生了三身，三身生了义均。义均就是所谓的巧倕，从此开始发明了世间的各种技艺。后稷开始播种各种农作物。后稷的孙子叫叔均，叔均最初发明了用牛耕种田地。大比赤阴，开始创建国家。大禹和鲧挖土治水，均衡地划定九州。

炎帝之妻，赤水之子听訞生炎居[①]，炎居生节并，节并生戏器，戏器生祝融。祝融降处于江水，生共工。共工生术器，术器首方颠[②]，是复土壤，以处江水。共工生后土，后土生噎鸣，噎鸣生岁十有二。

【注释】

①听訞（tiān）：人名。

②首方颠：头顶平。

【译文】

炎帝的妻子，即赤水氏的女儿听訞生了炎居，炎居生了节并，节并生了戏器，戏器生了祝融。祝融被贬到江水，生了共工。共工生了术器。术器的头顶是方形的，他恢复了祖父祝融的土地，又住在江水。共工生了后土，后土生了噎鸣，噎鸣生了十二个儿子，以一年中的十二个月命名。

洪水滔天。鲧窃帝之息壤以堙洪水[①]，不待帝命。帝令祝融杀鲧于羽郊。鲧复生禹。帝乃命禹卒布土以定九州。

【注释】

①息壤：神话传说中的一种能够不断自我生长的土壤。

【译文】

洪荒时代，水漫天下。鲧窃取天帝的息壤用来堵塞洪水，而未等待天帝的命令。天帝派遣祝融在羽山的郊野把鲧杀死。鲧死后，剖其腹而生出禹。天帝就命令禹挖土治水，以安定九州。

第一卷 南山经

狌狌

【经文】

《南山经》: 招摇之山, 有兽焉, 其状如禺而白耳, 伏行人走, 其名曰狌狌, 食之善走。

明 · 蒋应镐绘图本

清 · 四川成或因绘图本

清·汪绂图本

清·汪绂图本《南山经存·海内南经》

清・萧云从《钦定补绘离骚图・天问图》

明·胡文焕图本《山海经图》

明·蒋应镐绘图本《海内南经》图

清·成或因绘图本《海内南经》图

白猿

【经文】

《南山经》：堂庭之山，多白猿。

明 · 蒋应镐绘图本

清·四川成或因绘图本

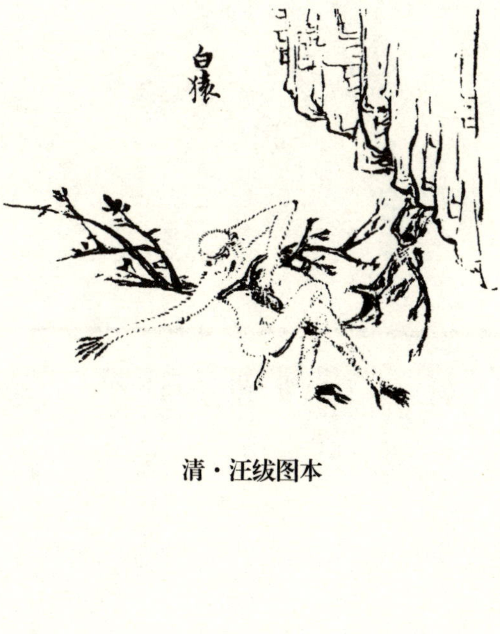

清·汪绂图本

明·胡文焕图本

蝮虫

【经文】

《南山经》：即翼之山，其中多怪兽，水多怪鱼，多白玉，多蝮虫，多怪蛇，多怪木，不可以上。

明 · 蒋应镐绘图本

清 · 四川成或因绘图本

怪蛇

【经文】

《南山经》：即翼之山，多怪蛇。

明 · 蒋应镐绘图本

鹿蜀

【经文】

《南山经》：杻阳之山，有兽焉，其状如马而白首，其文如虎而赤尾，其音如谣，其名曰鹿蜀，佩之宜子孙。

明 · 蒋应镐绘图本

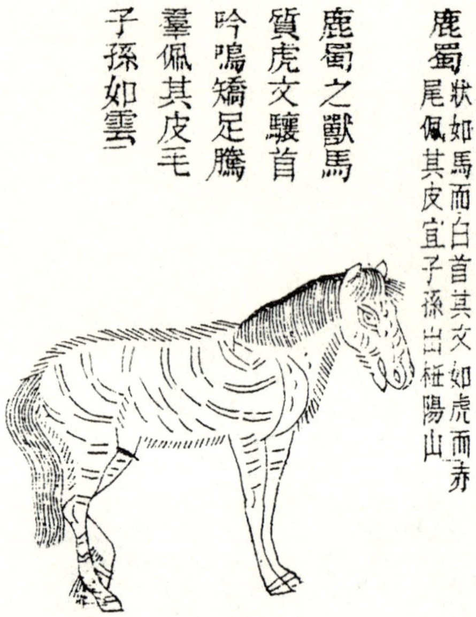

清·毕沅《山海经》图本

清·汪绂图本

清 · 四川成或因绘图本

鹿蜀

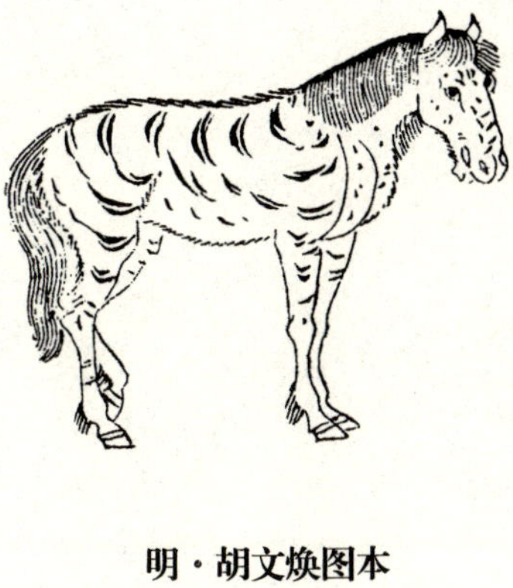

明 · 胡文焕图本

旋龟

【经文】

《南山经》：杻阳之山，怪水出焉，而东流注于宪翼之水。其中多玄龟，其状如龟而鸟首虺尾，其名曰旋龟，其音如判木，佩之不聋，可以为底。

明 · 蒋应镐绘图本

清・四川成或因绘图本

清·萧云从《天问图》，左上为旋龟之特写

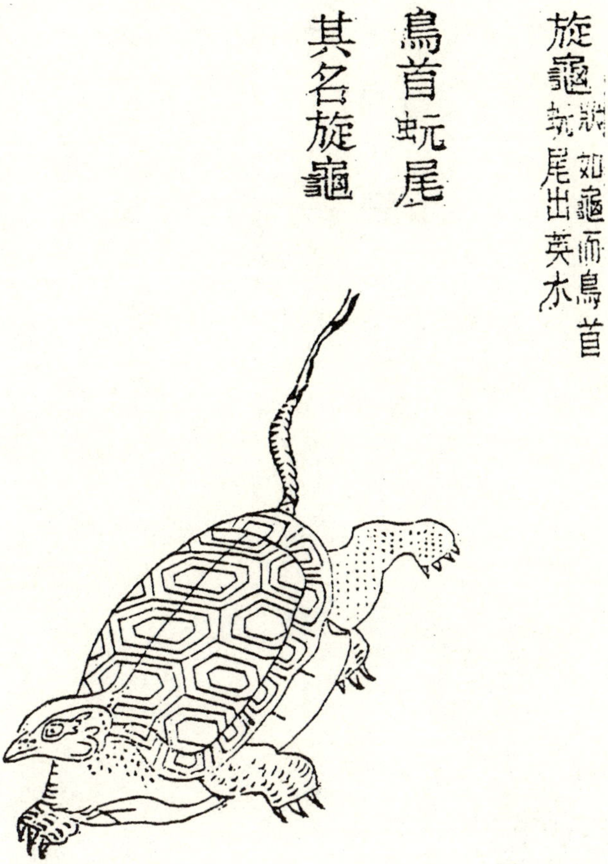

清・毕沅图本

清·汪绂图本

上海锦章图本

明·胡文焕图本

鯥

【经文】

《南山经》：柢山，多水，无草木。有鱼焉，其状如牛，陵居，蛇尾有翼，其羽在魼（亦作胁）下，其音如留牛，其名曰鯥，冬死而夏生，食之无肿疾。

明·蒋应镐绘图本

上海锦章图本

清·汪绂图本

清・吴任臣康熙图本

鯥魚

明・胡文焕图本

清 · 四川成或因绘图本

清·《古今图书集成·禽虫典》

类

【经文】

《南山经》：亶爰之山，多水，无草木，不可以上。有兽焉，其状如狸而有髦，其名曰类，自为牝牡，食者不妒。

明·蒋应镐绘图本

清·四川成或因绘图本

清·汪绂图本

明·胡文焕图本

日本图本

清·吴任臣近文堂图本

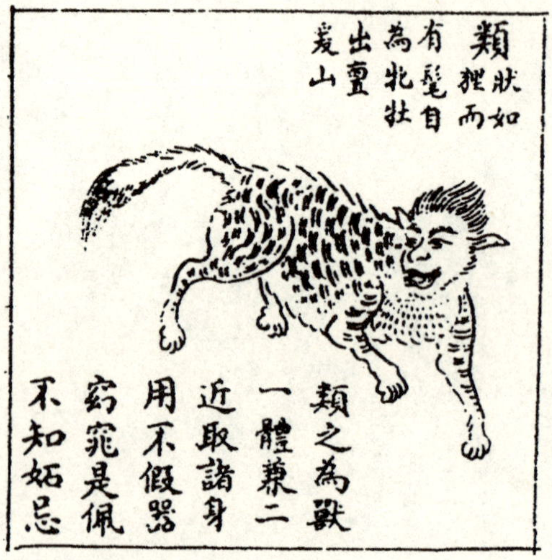

上海锦章图本

猼訑

【经文】

《南山经》：基山，有兽焉，其状如羊，九尾四耳，其目在背，其名曰猼訑，佩之不畏。

清・汪绂图本

清・吴任臣近文堂图本

明・蒋应镐绘图本

清 · 四川成或因绘图本

清 ·《禽虫典》

鵸鵌

【经文】

《南山经》：基山，有鸟焉，其状如鸡而三首六目，六足三翼，其名曰鵸鵌，食之无卧。

明 · 蒋应镐绘图本

明 · 胡文焕图本

清 · 四川成或因绘图本

九尾狐

【经文】

《南山经》：青丘之山，有兽焉，其状如狐而九尾，其音如婴儿，能食人，食者不蛊。

日本图本

明・蒋应镐绘图本

清・四川成或因绘图本

九尾狐

明·胡文焕图本

清·汪绂图本《海外东经》图

灌灌

【经文】

《南山经》：青丘之山，有鸟焉，其状如鸠，其音若呵，名曰灌灌，佩之不惑。

明・蒋应镐绘图本

清・四川成或因绘图本

赤鱬

【经文】

《南山经》：青丘之山，英水出焉，南流注于即翼之泽。其中多赤鱬，其状如鱼而人面，其音如鸳鸯，食之不疥。

明・蒋应镐绘图本

清・吴任臣康熙图本

清《禽虫典》

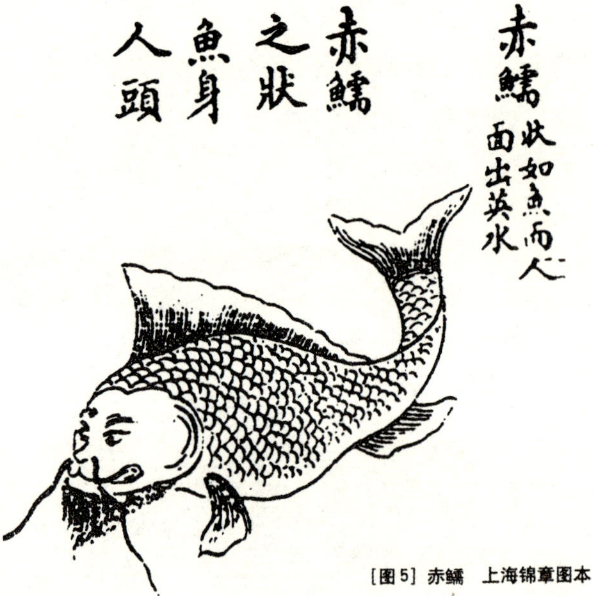

上海锦章图本

清・汪绂图本

鸟身龙首神

【经文】

《南山经》：䧿山之首，自招摇之山，以至箕尾之山，凡十山，二千九百五十里。其神状皆鸟身而龙首。

明·蒋应镐绘图本

清·四川成或因绘图本

明·胡文焕图本

清·汪绂图本

日本图本

狸力

【经文】

《南次二经》：柜山，有兽焉，其状如豚，有距，其音如狗吠，其名曰狸力；见则其县多土功。

明 · 蒋应镐绘图本

清・四川成或因绘图本

清・汪绂图本

清《禽虫典》

鴸

【经文】

《南次二经》：柜山，有鸟焉，其状如鸱而人手，其音如痺，其名曰鴸，其名自号也，见则其县多放士。

清·毕沅图本

上海锦章图本

明·蒋应镐绘图本

清·汪绂图本

鴸

明·胡文焕图本

清·四川成或因绘图本

日本图本

长右

【经文】

《南山二经》：长右之山，无草木，多水。有兽焉，其状如禺而四耳，其名长右，其音如吟，见则郡县大水。

明 · 蒋应镐绘图本

清 · 吴任臣近文堂图本

上海锦章图本

清·汪绂图本

清《禽虫典》

清·四川成或因绘图本

猾裹

【经文】

《南次二经》：尧光之山，有兽焉，其状如人而彘鬣，穴居而冬蛰，其名曰猾裹，其音如斫木，见则县有大繇。

明 · 蒋应镐绘图本

清·四川成或因绘图本

上海锦章图本

彘

【经文】

《南次二经》：浮玉之山，有兽焉，其状如虎而牛尾，其音如吠犬，其名曰彘，是食人。

明·蒋应镐绘图本

明·胡文焕图本

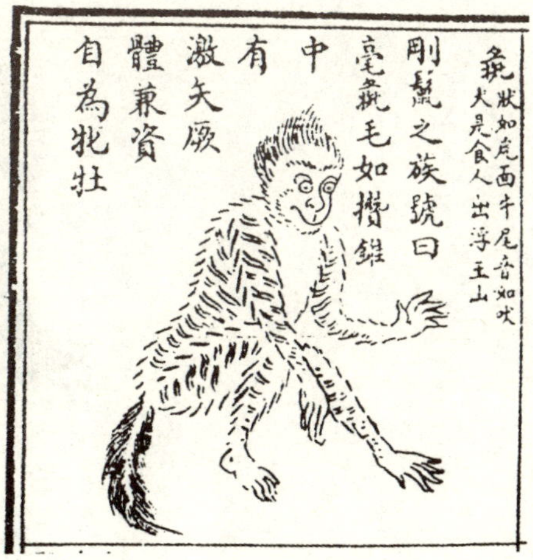

上海锦章图本

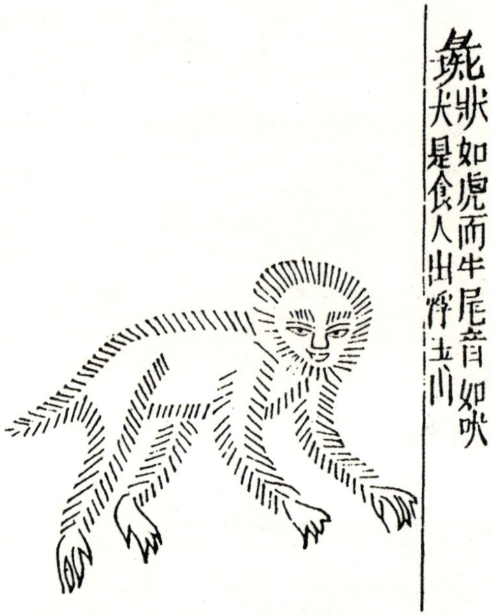

清·吴任臣近文堂图本

彘

清·汪绂图本

清·四川成或因绘图本

清《禽虫典》

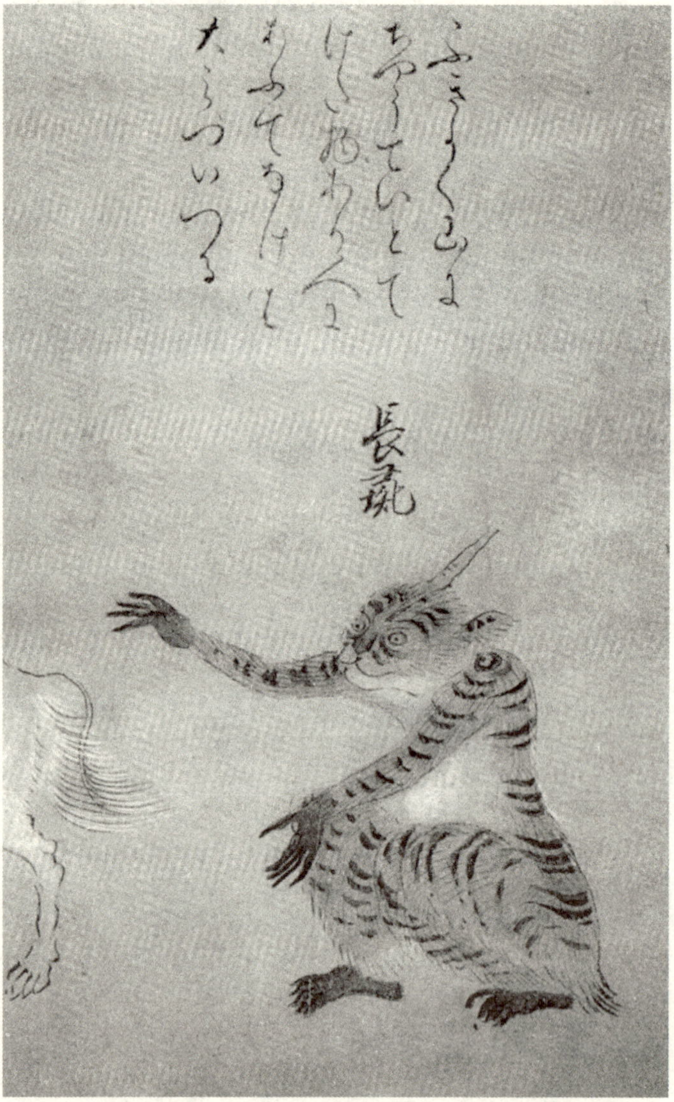

日本图本

鮆鱼

【经文】

《南次二经》：浮玉之山，苕水出于其阴，北流注于具区。其中多鮆鱼。

明·蒋应镐绘图本

清·汪绂图本《北次二经》图

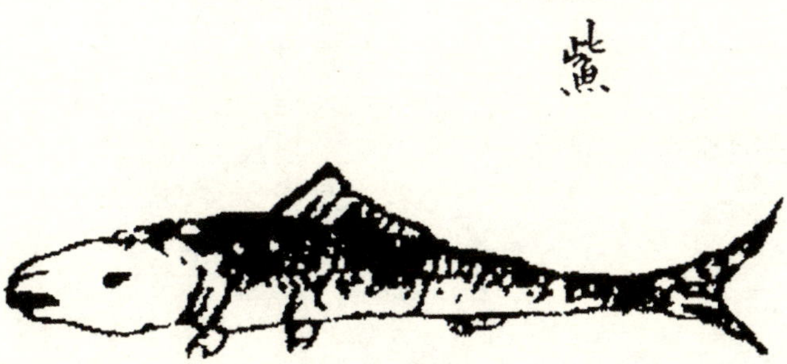

清·汪绂图本

䍺

【经文】

《南次二经》：洵山，有兽焉，其状如羊而无口，不可杀也，其名曰䍺。

明·蒋应镐绘图本

明·胡文焕图本

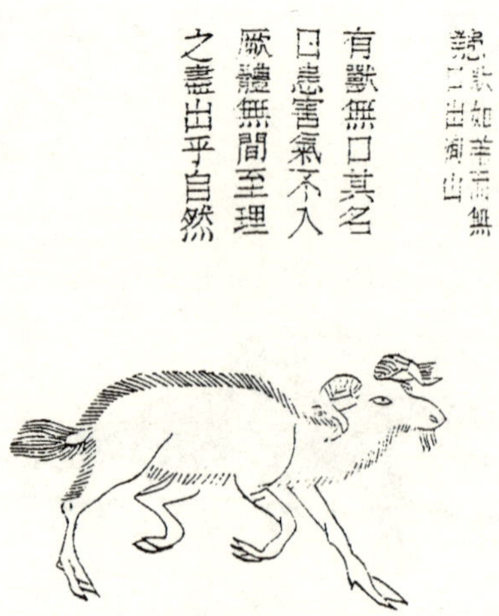

清·毕沅图本

蛊雕

【经文】

《南次二经》：鹿吴之山，上无草木，多金石。泽更之水出焉，而南流注于滂水。水有兽焉，名曰蛊雕，其状如雕而有角，其音如婴儿，是食人。

明 · 蒋应镐绘图本

明 · 胡文焕图本

清 · 吴任臣近文堂图本

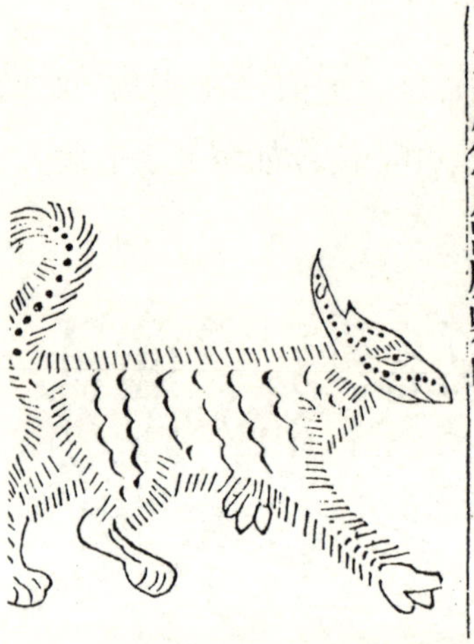

清·吴任臣近文堂图本

上海锦章图本

陕西神木纳林高兔村战国晚期匈奴墓出土

龙身鸟首神

【经文】

《南次二经》：自柜山至于漆吴之山，凡十七山，七千二百里。其神状皆龙身而鸟首。

明·蒋应镐绘图本

清・四川成或因绘图本

清・汪绂图本

犀

【经文】

《南次三经》：祷过之山，其上多金、玉，其下多犀。

清·汪绂图本

明·蒋应镐绘图本

清《禽虫典》

兕

【经文】

《南次三经》：祷过之山，其下多兕。

明 · 胡文焕图本

明 · 蒋应镐绘图本《海内南经》图

清·汪绂图本

清《禽虫典》

象

【经文】

《南次三经》：祷过之山，其下多兕。

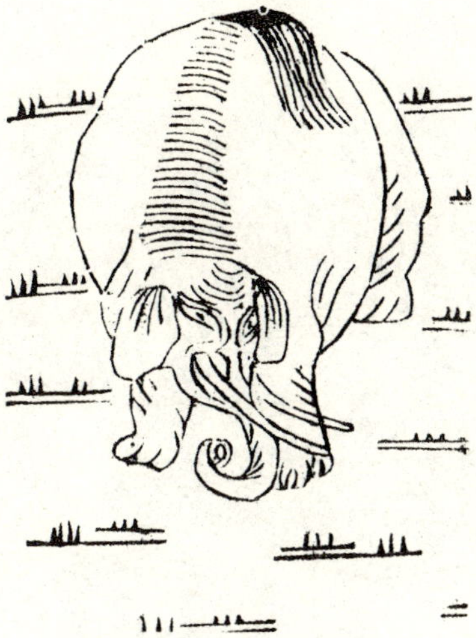

清·四川成或因绘图本

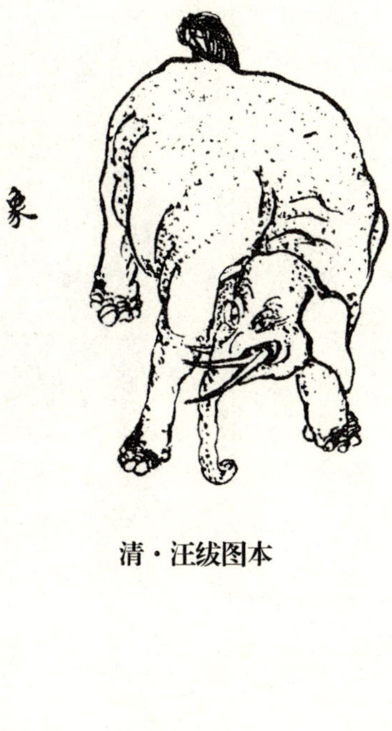

清·汪绂图本

瞿如

【经文】

《南次三经》：祷过之山，有鸟焉，其状如䴔而白首、三足、人面，其名曰瞿如，其鸣自号也。

明 · 蒋应镐绘图本

明 · 胡文焕图本

日本图本

清《禽虫典》

清·郝懿行图本

上海锦章图本

虎蛟

【经文】

《南次三经》：祷过之山，泿水出焉，而南流注于海。其中有虎蛟，其状鱼身而蛇尾，其音如鸳鸯，食者不肿，可以已痔。

明·蒋应镐绘图本

清・四川成或因绘图本

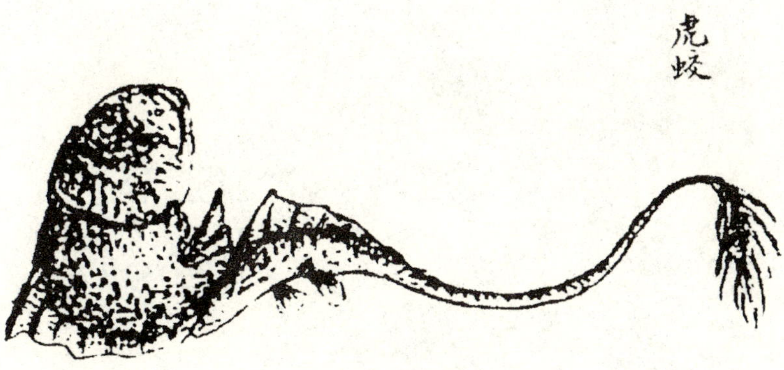

清・汪绂图本

凤皇

【经文】

《南次三经》：丹穴之山，有鸟焉，其状如鸡，五采而文，名曰凤皇。首文曰德，翼文曰义，背文曰义，膺文曰仁，腹文曰信。是鸟也，饮食自然，自歌自舞，见则天下安宁。

清《禽虫典》

鯥鱼

【经文】

《南次三经》：鸡山，黑水出焉，而南流注于海。其中有鯥鱼，其状如鲋而彘毛，其音如豚，见则天下大旱。

清·四川成或因绘图本

清《禽虫典》

明·蒋应镐绘图本

颙

【经文】

《南次三经》：令丘之山，有鸟焉，其状如枭，人面四目而有耳，其名曰颙，其鸣自号也，见则天下大旱。

清《禽虫典》

清·四川成或因绘图本

明·蒋应镐绘图本

顒狀如梟人面四目有耳見
則天下大旱出令丘山

顒鳥棲林鱅魚
處淵俱爲旱徵
災延普天測之
無象厥數推予

清・毕沅图本

上海锦章图本

龙身人面神

【经文】

《南次三经》：白天虞之山以至南禺之山，凡一十四山，六千五百三十里。其神皆龙身而人面。

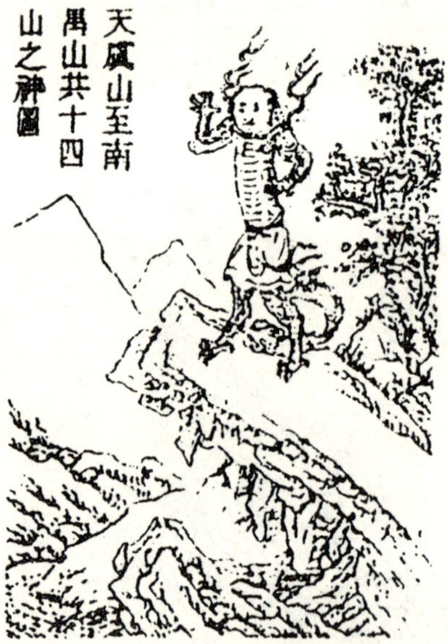

清《神异典》

清·汪绂图本

明·蒋应镐绘图本

清·四川成或因绘图本

第二卷　西山经

羬羊

【经文】

《西山经》：钱来之山，有兽焉，其状如羊而马尾，名曰羬羊，其脂可以已腊（音昔，xī）。

明·蒋应镐绘图本

清·汪绂图本

清·四川成或因绘图本

明·胡文焕图本

鸲渠

【经文】

《西山经》：松果之山，有鸟焉，其名曰鸲渠，其状如山鸡，黑身赤足，可以已𦢊。

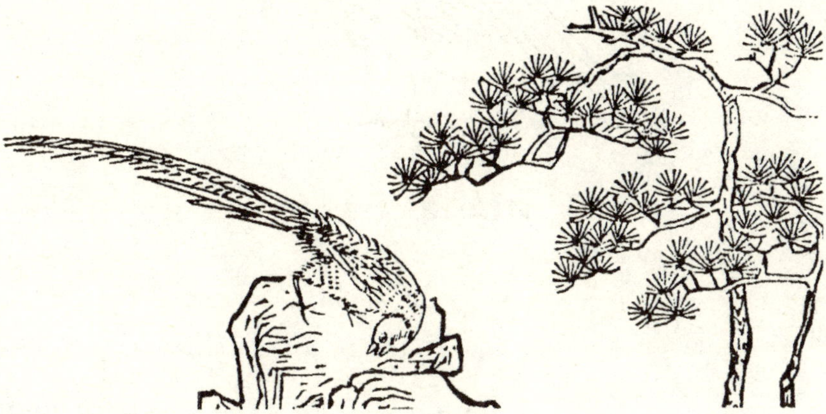

明·蒋应镐绘图本

清·汪绂图本

清《禽虫典》

清·四川成或因绘图本

肥遗（蛇）

【经文】

《西山经》：太华之山，削成而四方，其高五千仞，其广十里，鸟兽莫居。有蛇焉，名曰肥遗，六足四翼，见则天下大旱。

清·汪绂图本

明·蒋应镐绘图本

清·四川成或因绘图本

上海锦章图本

肥遺蛇形六足四翼見
則大旱出太華山
肥遺爲物與災
合契鼓翼陽
山以表亢厲
桑林既禱倏
忽潛逝

清·毕沅图本

牦牛

【经文】

《西山经》：小华之山，其兽多牦牛。

清・四川成或因绘图本

清・汪绂图本

赤鷩

【经文】

《西山经》：小华之山，鸟多赤鷩，可以御火。

清·汪绂图本

葱聋

【经文】

《西山经》：符禺之山，其兽多葱聋，其状如羊而赤鬣。

清·四川成或因绘图本

明·蒋应镐绘图本

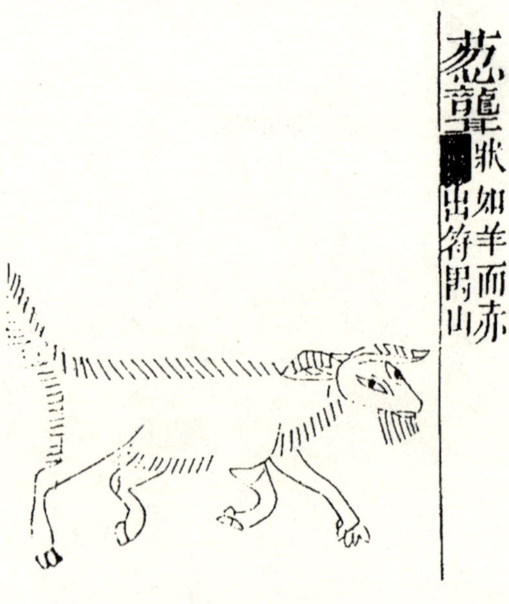

清·吴任臣近文堂图本

清・汪绂图本

上海锦章图本

明·胡文焕图本

日本图本

鴖

【经文】

《西山经》：符禺之山，其鸟多鴖，其状如翠而赤喙，可以御火。

明 · 蒋应镐绘图本

清·四川成或因绘图本

清·汪绂图本

清《禽虫典》

𩶘鱼

【经文】

《西山经》：英山，禺水出焉，北流注于招水，其中多𩶘鱼，其状如鳖，其音如羊。

明·胡文焕图本

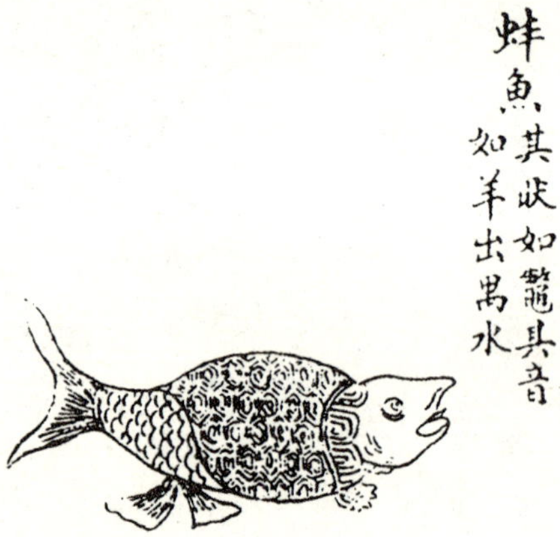

上海锦章图本

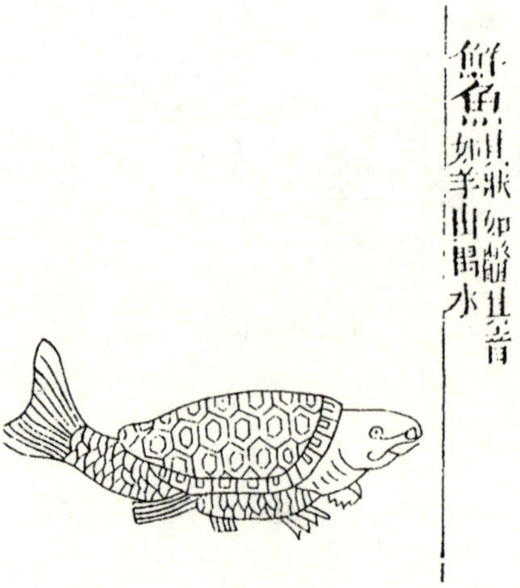

清·吴任臣近文堂图本

清《禽虫典》

肥遗（鸟）

【经文】

《西山经》：英山，有鸟焉，其状如鹑，黄身而赤喙，其名曰肥遗，食之已疠，可以杀虫。

明 · 蒋应镐绘图本

清 · 四川成或因绘图本

清·汪绂图本

清《禽虫典》

人鱼

【经文】

《西山经》：竹山，丹水出焉，东南流注于洛水，其中多水玉，多人鱼。

清·四川成或因绘图本

清·汪绂图本

清·汪绂图本

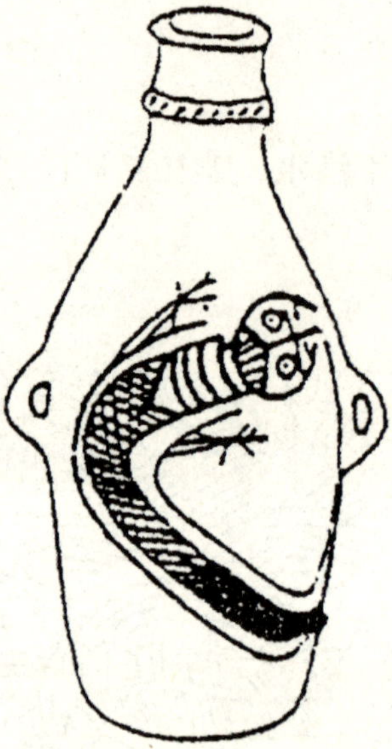

甘肃甘谷西坪出土彩陶瓶

清《尔雅音图》

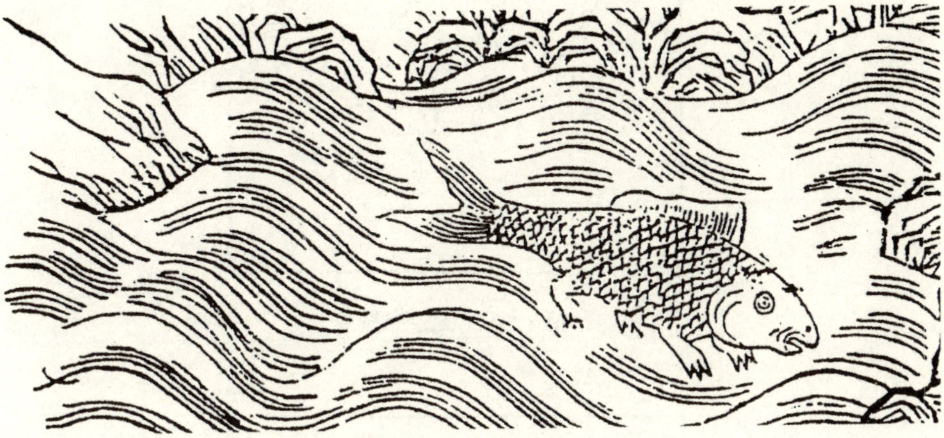

明·蒋应镐绘图本《北次三经》图

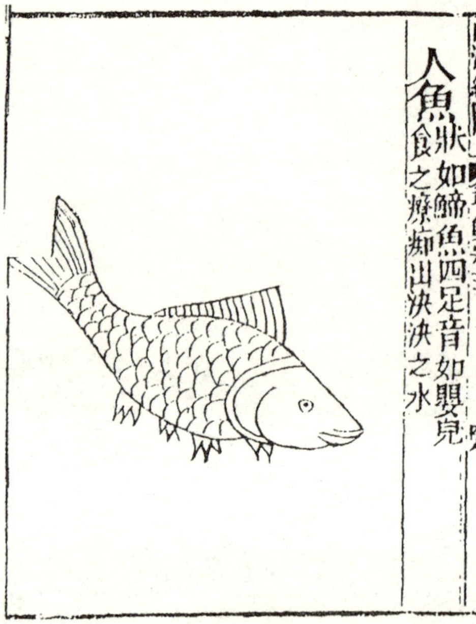

清·吴任臣近文堂图本

清《禽虫典》

明·胡文焕图本

豪彘

【经文】

《西山经》：竹山，有兽焉，其状如豚而白毛，大如笄而黑端，名曰豪彘。

明 · 蒋应镐绘图本

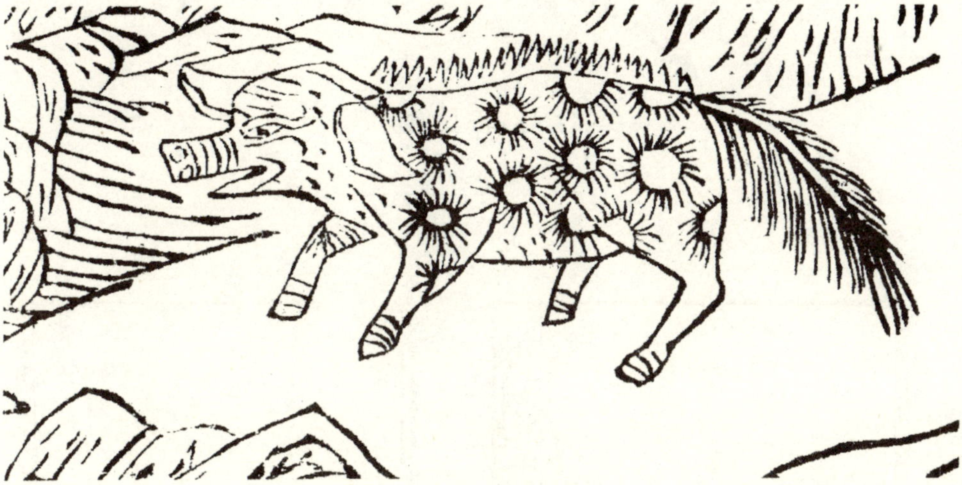

清·四川成或因绘图本

河南密县汉画像砖

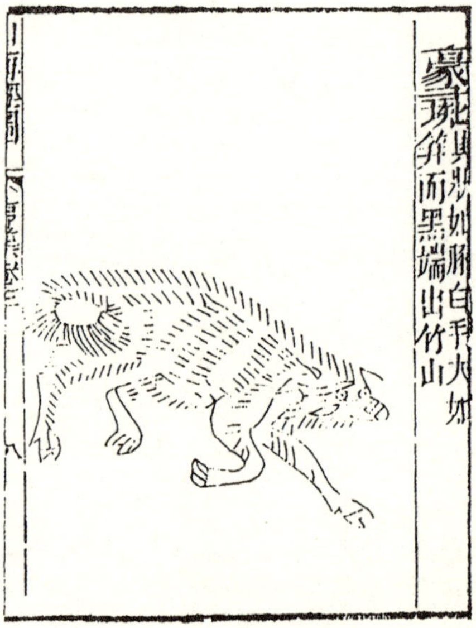

清・吴任臣近文堂图本

明・胡文焕图本

嚣（兽）

【经文】

《西山经》：羭次之山，有兽焉，其状如禺而长臂，善投，其名曰嚣。

明·蒋应镐绘图本

清·四川成或因绘图本

清《禽虫典》